● 吉林财经大学资助出版图书

● 本书得到吉林财经大学校级重点项目（项目号：2023ZD007）、吉林财经大学
  博研培优专项项目（项目号：2024PY015）、吉林省社会科学基金项目（项目号：
  2024B48）、东莞市玄鸟电子科技有限公司项目（项目号：XN20230601）、长
  春市渤兴建筑工程有限公司项目（项目号：BX202401）资助

刘洋 著

吉林省

文化与旅游产业
高质量协调发展研究

RESEARCH ON
THE HIGH - QUALITY COORDINATED
DEVELOPMENT OF
CULTURAL
AND TOURISM INDUSTRIES
IN JILIN PROVINCE

社会科学文献出版社
SOCIAL SCIENCES ACADEMIC PRESS (CHINA)

前　言

　　党的二十大报告明确指出"高质量发展是全面建设社会主义现代化国家的首要任务"。文化产业作为新兴产业，已成为国家产业结构的关键组成部分，推进文化产业高质量发展，是"十四五"期间中国文化产业发展的根本要求和战略定位；旅游产业作为国民经济的战略性支柱产业，是推进中国式现代化的重要基础和有力支撑，旅游产业高质量发展，能够展示中国形象、增进文明互鉴、构筑精神家园、促进经济发展，是加快建设旅游强国的根本要求。文化产业与旅游产业具有强关联性和天然耦合性，在促进文化产业与旅游产业高质量发展的同时，推动文化产业与旅游产业融合，不仅有利于优化产业结构、转换增长动力，也是实施经济文化强省战略的重要抓手，更是提振中华民族文化自信的实现路径。

　　吉林省位于中国东北地区中部，气候宜人，历史文化悠久，旅游资源丰富，民族风俗淳厚，拥有独特的自然景观和人文历史遗迹。近年来，吉林省文化产业发展态势迅猛，文化产业总量不断扩大，地域文化品牌影响力逐渐增强；旅游产业发展竞争力显著提高，旅游综合发展水平不断提升，在提高区域经济收入、增加区域就业机会、带动关联产业发展方面，做出卓越贡献。吉林省文化产业与旅游产业坚持以高质量发展为主线，持续推进文化产业和旅游产业建设。同时，将文化产业与旅游产业有机结合，推进二者融合发展，是吉林省做大做强文化产业、推动旅游产业快速发展的有效途径和重要举措。吉林省以"文旅强省"为目标，坚持"文以载道、旅以致远"，强调旅游文化化和文化旅游化，着力打造冰雪旅游强省、避暑休闲名省、新兴旅居大省，推动旅游产业成为全省新的经济增长点。"文旅融合"成为助力吉林省产业裂变，优化产业结构，拉动经济腾飞的新引擎与新动力。在此背景下，本书立足吉林省老工业基地，对吉林省文化产业高质量发展、旅游产业高质量发展及文化资源与旅游产业协调发展进行评价，并从宏观战略层面、中观策略层面、微观市场需求层面提出吉林省文化产业和旅游产业高质量发展优化策略、吉林省文化与旅游区域协调发展优化策略，为推动吉林省文化产业与旅游产业高质量发展，以及"文旅融合"发展的研究与决策提供科学支持。

在对文化产业、旅游产业、文旅产业融合相关文献的梳理，对吉林省文化产业、旅游产业发展现状，以及文化旅游资源进行系统分析的基础上，本书分别对吉林省文化产业高质量发展、吉林省旅游产业高质量发展、吉林省文化资源与旅游产业协调发展评价与优化策略展开研究，具体如下。

（1）吉林省文化产业高质量发展评价及优化策略研究。本书通过考察吉林省文化产业发展现状，对吉林省文化产业高质量发展进行 SWOT 分析，探究吉林省文化产业高质量发展的内在优势、劣势、机遇、挑战。通过构建吉林省文化产业高质量发展评价指标体系，定量测评吉林省文化产业高质量发展水平。根据测算结果，对吉林省文化产业高质量发展进行整体评价，同时对吉林省文化产业资源、产业实力、产业发展、产业创新、产业开放五个子项目进行评价分析。通过定量评价研究，提出吉林省文化产业高质量发展优化策略。

（2）吉林省旅游产业高质量发展评价及优化策略研究。本书通过考察吉林省旅游产业发展现状，对吉林省旅游产业高质量发展进行 SWOT 分析，探究吉林省旅游产业高质量发展的内在优势、劣势、机遇、挑战。通过构建吉林省旅游产业高质量发展评价指标体系，定量测评吉林省旅游产业高质量发展水平。根据测算结果，对吉林省旅游产业高质量发展进行整体评价，同时对吉林省旅游规模与增长、旅游收入与经济贡献、旅游资源与设施、旅游环境与生态保护、旅游及相关产业支撑五个子项目进行评价分析。通过定量评价研究，提出吉林省旅游产业高质量发展优化策略。

（3）吉林省文化资源与旅游产业协调发展评价与优化策略研究。本书以吉林省 8 个地级市和 1 个自治州为研究样本，通过构建文化资源与旅游产业发展评价指标体系，采用熵值法确定指标权重，引入耦合度模型、耦合协调度模型、同步性（优先度）模型，定量测评吉林省文化资源与旅游产业发展耦合度、耦合协调度以及同步性，对文化资源和旅游产业发展水平进行综合评价。采用 ArcGIS 自然断裂法，对吉林省各地市文化资源和旅游产业发展水平进行系统分级，并对文化资源禀赋空间特征、旅游发展水平空间特征、文化资源与旅游产业发展耦合协调度空间特征、文化资源与旅游产业发展同步性空间特征进行具体分析，根据协调水平和同步性测评分析结果，将吉林省 9 个地市文化旅游发展划分为 4 种类型，分别针对各地市文化与旅游区域发展特点以及文化旅游产业协调发展提出具体优化策略。

在吉林省文化产业与旅游产业高质量发展方面，本书创新了文化产业、旅游产业高质量发展评价研究视角，丰富了文化产业、旅游产业发展评价研究体系，为文化产业、旅游产业高质量发展的研究与决策提供了科学支持。同时，在吉林省文化与旅游产业协调发展研究方面，本书从文化资源与旅游产业协调发展的视角进行探索，立足文化资源的内在属性来定义区域文化与旅游的耦合协调关系，尝试建立一套科学合理的评价区域文化资源与旅游产业发展耦合协调程度的定量模型，丰富了"文旅融合"研究体系，为推动区域文化旅游有机融合、提升旅游内在竞争力提供参考依据。

本书由刘洋撰写和统稿，其中研究生高欣、张瑞、李忠洁、程予参与了文献梳理、SWOT 分析、综合评价数据分析等相关工作。值此专著完成之际，诚挚地感谢西安交通大学经济与金融学院李琪教授对我的热情帮助与耐心指导。由于作者水平有限，书中内容难免有种种考虑不周之处，敬请专家、广大读者批评指正。

绪　论

一　研究背景

文化产业作为新兴产业，已成为国家产业结构的关键组成部分（郑自立，2023）。文化产业的兴起不仅提升了我国的软实力，同时也促进了我国政治、经济、文化、社会一体化的发展与进步（韩晗，2023）。党的十九大报告指出，要"推动文化事业和文化产业发展"，"健全现代文化产业体系和市场体系，创新生产经营机制，完善文化经济政策，培育新型文化业态"。习近平总书记在全国宣传思想工作会议上强调："要推动文化产业高质量发展，健全现代文化产业体系和市场体系，推动各类文化市场主体发展壮大，培育新型文化业态和文化消费模式，以高质量文化供给增强人们的文化获得感、幸福感。"这为新时代文化产业的发展指明了方向。推进文化产业高质量发展，是"十四五"期间中国文化产业发展的根本要求和战略定位（李杰，2021；喻蕾，2021），成为承载社会主义先进文化发展方向，建立现代文化产业体系和市场体系，促进经济结构战略性调整，巩固扩大经济发展成果的重要举措（喻蕾，2021）。近年来，吉林省文化产业发展态势迅猛，文化产业总量不断扩大，地域文化品牌影响力逐渐增强。在文化产业发展进程中，吉林省坚持以高质量发展为主线，推进文化产业建设。但由于文化产业的发展会受到地理位置、资源禀赋、经济环境、交通条件等因素制约，吉林省各区域文化产业发展存在一定的差距。因此科学系统地对吉林省文化产业高质量发展水平进行评价，能够为有效地推进吉林省文化产业高质量发展的研究与决策提供科学支持。

旅游产业作为国民经济的战略性支柱产业，是推进中国式现代化建设的重要基础和有力支撑（耿松涛和王冉，2023）。自党的十八大以来，我国旅游发展步入快车道，形成了全球最大的国内旅游市场。旅游产业的发展在提高区域经济收入、增加区域就业机会、带动关联产业发展、推动区域经济高质量发展方面，具有重要的促进效应（Berbekova et al.，2022；耿松涛和王冉，2023；麻学锋和孙洋，2024）。在经过改革开放 40 余年的快速发展之后，旅游产业也进入了高质量发展阶段。党的二十大报告明确指出，"高质量发展是全面建设社会主义现代化国家的首要任务"；2024 年 5 月，习近平总书记在全国旅游发展大会上对加快建设旅游强国、推动旅游业高质量发展作出全面部署、提出明确要求，指出要让旅游业更好地服务美好生活、促进经济发展、构筑精神家园、展示中国形象、增进文明互鉴。旅游产业的高质量发展对加快构建新发展格局、带动地区经济发展、坚定国民文化自信、助力乡村振兴和实现共同富裕具有重大的现实意义（梁学成，2019；田红和刘呈庆，2024）。吉林省位于中国东北地区中部，气候宜人，生态宜居，旅游资源丰富，拥有独特的自然景观和人文历史遗迹。近年来，吉林省在避暑休闲旅居、冰雪旅游运动等方面，逐渐打造区域旅游特色，完善旅游基础设施，旅游综合发展水平显著提升。但目前吉林省旅游产业仍存在着旅游资源挖掘不足、部分旅游景点知名度不高、旅游产品吸引力不足、旅游景区向外辐射交通畅达能力有待提升等问题。因此，系统全面地对吉林省旅游产业高质量发展进行综合评价，有助于明确吉林省旅游产业面临的问题和壁垒，进一步探究吉林省旅游产业发展的驱动因素，为吉林省旅游产业高质量发展的政策制定与决策咨询，提供科学的参考依据。

"文旅融合"是旅游业利用文化产业的旅游属性，依托文化产业的发展优势而形成的新兴产业（刘瑞明等，2020）。随着人们收入水平的不断提高，单一化、观光型的旅游产品已不能满足人们不断升级的旅游消费需求，旅游背后所蕴藏的历史文化越来越多地受到关注和推崇，文化体验和文化感知的程度成为人们评判旅游品质的重要因素。在此需求刺激下，旅游产业开始寻求与文化产业的协调合作，借助文化产业的发展优势，利用文化的差异性、独特性，开发具有文化内涵的新型旅游产品，并在不断发展的过程中与业务、组织、管理和市场资源等方面实现相互渗透、相互交叉，通过资源共享、优势互补，产生"1+1>2"的协同效应，使旅游产业和文化产业在加速发展中产生进一步融合发展的动力（刘治彦，2019）。在这种动态循环中，旅游产业与文化产业的融合度不断加深、界限愈加模糊，最终形成一种新的产业形态——"文化+旅游"（胡钰和王一凡，2018）。"文化+旅游"产业融合化发展势在必行，文化产业与旅游产业具有强关联性和天然耦合性，文化是旅游的灵魂，能提升旅游产业的创意内涵与核心价值；旅游是文化的载体，能扩大文化产业的消费市场与传播效应（胡钰和王一凡，2018）。党的十七届六中全会首次将推动文化产业与旅游等产业融合发展上升为国家战略性议题，党的十八大报告再次强调了这一议题，党的十九大报告更明确了"培育新型文化业态"融合目标，随着新组建的文化和旅游部成立，"文旅融合"跃升为国家层面战略部署；在党的二十大报告中习近平指出："坚持以文塑旅、以旅彰文，推进文化和旅游深度融合发展。"《"十四五"文化和旅游发展规划》明确了文旅融合高质量发展的目标、内容和路径，提出要推动文化和旅游深度融合、创新发展（厉新建等，2022；秦晓楠等，2023）。这为文化产业与旅游产业融合确定了发展道路与方向。在贯彻新发展理念、建设现代化经济体系的国家战略机遇期,推动文化与旅游产业融合,不仅有利于优化产业结构、转换增长动力,更是提振中华民族文化自信的实现路径(刘治彦,2019;徐菲菲等,2023)。"文化+旅游"产业融合化发展是实施经济文化强省战略的重要抓手(董文静等,2024)。吉林省历史文化悠久,旅游资源丰富,民族风俗淳厚。将文化产业和旅游产业有机结合,推进二者融合发展,是吉林省做大做强文化产业、推动旅游产业快速发展的有效途径和重要举措。近年来,吉林省以"文旅强省"为目标,坚持"文以载道、旅以致远",强调旅游文化化和文化旅游化,着力打造冰雪旅游强省、避暑休闲名省、新兴旅居大省,推动旅游产业成为全省新的经济增长点。"文旅融合"成为助力吉林省产业裂变,优化产业结构,拉动经济腾飞的新引擎与新动力。在此背景下,本书立足吉林省老工业基地,探索文化资源与旅游产业协调发展评价与优化策略,为推动吉林省"文旅融合"发展研究与决策提供科学支持。

二 研究目标

本书立足吉林省老工业基地,以吉林省 8 个地级市和 1 个自治州为研究样本,考察吉林省文化产业、旅游产业发展现状,系统分析吉林省文化产业、旅游产业高质量发展的内在优势、劣势、机遇、挑战,定量测评吉林省文化产业、旅游产业高质量发展水平,对吉林省文化资源与旅游产业协调发展进行综合评价,探索吉林省文化资源与旅游产业协调发展的空间特征,提出吉林省文化产业、旅游产业高质量发展,以及文化资源与旅游产业协调发展优化策略,以期能够为促进吉林省文化产业高质量发展、旅游产业高质量发展,进一步推动吉林省"文旅融合"发展提供科学的参考依据。

本书的研究目标主要包括以下三个方面。

（1）在吉林省文化产业高质量发展研究方面，构建吉林省文化产业高质量发展评价指标体系，对吉林省文化产业高质量发展水平进行测评，并根据测算结果，提出吉林省文化产业高质量发展优化策略，为促进吉林省文化产业高质量发展提供科学的参考依据。

（2）在吉林省旅游产业高质量发展研究方面，构建吉林省旅游产业高质量发展评价指标体系，对吉林省旅游产业高质量发展水平进行测评，并根据测算结果，提出吉林省旅游产业高质量发展优化策略，为促进吉林省旅游产业高质量发展提供科学的参考依据。

（3）在吉林省文化资源与旅游产业协调发展研究方面，构建文化资源与旅游产业发展评价指标体系，对文化资源和旅游产业发展水平进行综合评价，探索吉林省各地市文化资源禀赋空间特征、旅游发展水平空间特征、文化资源与旅游产业发展耦合协调度空间特征、文化资源与旅游产业发展同步性空间特征，针对各地市文化与旅游区域发展特点提出具体优化策略，为吉林省实施"文旅强省"战略、推动"文旅融合"发展的研究与决策提供科学支持。

三　研究意义

（一）理论意义

（1）在吉林省文化产业高质量发展研究方面，本书从文化产业资源、产业实力、产业发展、产业创新、产业开放五方面，构建吉林省文化产业高质量发展评价指标体系，开拓了文化产业高质量发展评价研究视角，丰富了文化产业发展评价研究体系，为文化产业发展评价研究与决策提供支持。

（2）在吉林省旅游产业高质量发展研究方面，本书从旅游规模与增长、旅游收入与经济贡献、旅游资源与设施、旅游环境与生态保护、旅游及相关产业支撑五方面，构建吉林省旅游产业高质量发展评价指标体系，开拓了旅游产业高质量发展评价研究视角，丰富了旅游产业发展评价研究体系，为旅游产业发展评价研究与决策提供支持。

（3）在吉林省文化资源与旅游产业协调发展研究方面，本书突破传统上从产业融合视角对文化旅游融合研究的局限，从文化资源与旅游产业协调发展视角进行探索，立足文化资源的内在属性来定义区域文化与旅游的耦合协调关系，尝试建立一套科学合理的评价区域文化资源与旅游产业发展耦合协调程度的定量模型，丰富了"文旅融合"研究体系，为推动区域文化旅游有机融合、提升旅游内在竞争力提供理论支持。

（二）实践意义

（1）在吉林省文化产业高质量发展研究方面，本书以吉林省为研究区域，对文化产业高质量发展水平进行评价，并从宏观战略层面、中观策略层面、微观市场需求层面提出切实可行的吉林省文化产业高质量发展优化策略，对促进吉林省文化产业高质量发展具有重要实践意义。同时，研究成果为吉林省政府促进文化产业高质量发展政策的制定与决策咨询，完善吉林省文化产业高质量发展机制，提供了科学的参考依据。

（2）在吉林省旅游产业高质量发展研究方面，本书以吉林省为研究区域，对旅游产业高质量发展水平进行评价，并从宏观战略层面、中观策略层面、微观市场需求层面提出切实可行的吉林省旅游产业高质量发展优化策略，对促进吉林省旅游产业高质量发展具有重要实践意义。同时，研究成果为吉林省政府促进旅游产业高质量发展政策的制定与决策咨询，完善吉林省旅游产业高质量发展机制，提供了科学的参考依据。

（3）在吉林省文化资源与旅游产业协调发展研究方面，科学审视吉林省文化旅游综合发展水平、文化资源与旅游产业发展的耦合协调度和同步性，有助于立足区域文化资源优势，探究"文旅融合"

协调发展模式，推动吉林省文化资源比较优势转化为旅游产业发展竞争优势，实现旅游经济发展促进文化资源价值提升，有效促进吉林省"文旅融合"可持续健康发展，为吉林省"文旅强省"政策的实施与决策咨询提供科学的参考依据。

四　研究内容

本书研究内容共分为七部分，具体安排如下。

绪论。首先介绍本书的研究背景，提出研究目标，指明研究意义，对研究内容进行阐述，确定研究方法，构建全书研究框架。

第一章是文献综述。首先，对文化产业、旅游产业进行概念界定，对文化产业与旅游产业高质量发展评价指标体系、发展水平测度、空间关联和集聚性的相关研究进行梳理、归纳和总结；其次，对文旅产业融合的发展机制、发展动力、融合度测评、融合发展空间相关分析的相关研究进行梳理，为后续研究提供参考依据。

第二章是吉林省文化产业与旅游产业发展现状分析。首先，对吉林省区域发展现状进行介绍；其次，对吉林省文化产业发展现状进行介绍，包括文化资源概况、文化产业概况，以及文化相关产业概况；再次，对吉林省旅游产业发展现状进行介绍，包括旅游资源概况、旅游产业概况；最后，对吉林省文化旅游资源进行分析，为后续研究提供数据支撑。

第三章是吉林省文化产业高质量发展评价及优化策略研究。通过考察吉林省文化产业发展现状，对吉林省文化产业高质量发展进行 SWOT 分析，探究吉林省文化产业高质量发展的内在优势、劣势、机遇、挑战。通过构建吉林省文化产业高质量发展评价指标体系，定量测评吉林省文化产业高质量发展水平。根据定量测算结果，对吉林省文化产业高质量发展进行整体评价，同时对吉林省文化产业资源、产业实力、产业发展、产业创新、产业开放五个子项目

进行评价分析。通过定量评价研究，提出吉林省文化产业高质量
发展优化策略。

第四章是吉林省旅游产业高质量发展评价及优化策略研究。通
过考察吉林省旅游产业发展现状，对吉林省旅游产业高质量发展进
行 SWOT 分析，探究吉林省旅游产业高质量发展的内在优势、劣势、
机遇、挑战。通过构建吉林省旅游产业高质量发展评价指标体系，
定量测评吉林省旅游产业高质量发展水平。根据定量测算结果，对
吉林省旅游产业高质量发展进行整体评价，同时对吉林省旅游规模
与增长、旅游收入与经济贡献、旅游资源与设施、旅游环境与生态
保护、旅游及相关产业支撑五个子项目进行评价分析。通过定量评
价研究，提出吉林省旅游产业高质量发展优化策略。

第五章是吉林省文化资源与旅游产业协调发展评价与优化策略
研究。以吉林省 8 个地级市和 1 个自治州为研究样本，通过构建文
化资源与旅游产业发展评价指标体系，采用熵值法确定指标权重，
引入耦合度模型、耦合协调度模型、同步性（优先度）模型，定量
测评吉林省文化资源与旅游产业发展耦合度、耦合协调度以及同步
性，对文化资源和旅游产业发展进行综合评价。采用 ArcGIS 自然断
裂法，对吉林省各地市文化资源和旅游产业发展水平进行系统分级，
并对文化资源禀赋空间特征、旅游发展水平空间特征、文化资源与
旅游产业发展耦合协调度空间特征、文化资源与旅游产业发展同步
性空间特征进行具体分析，根据协调水平和同步性测评分析结果，
将吉林省 9 个地市文化旅游发展划分为 4 种类型，分别针对各地市
文化与旅游区域发展特点提出具体优化策略。

第六章是研究总结。本章主要是对本书的研究内容进行总结。

本书研究内容如图 0-1 所示。

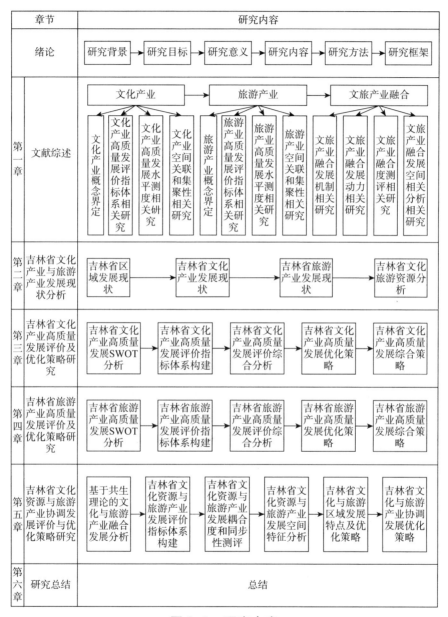

章节	研究内容
绪论	研究背景 → 研究目标 → 研究意义 → 研究内容 → 研究方法 → 研究框架
第一章	文献综述
第二章	吉林省文化产业与旅游产业发展现状分析
第三章	吉林省文化产业高质量发展评价及优化策略研究
第四章	吉林省旅游产业高质量发展评价及优化策略研究
第五章	吉林省文化资源与旅游产业协调发展评价与优化策略研究
第六章	研究总结

图 0-1　研究内容

五　研究方法

在方法论上，本书结合研究标的的理论性与研究成果的现实指

9

向性，综合运用文献分析法、熵值法、灰色关联分析法、耦合协调度模型、空间数据分析法、比较综合分析法相结合的方法论体系。具体介绍如下。

1. 文献分析法

文献分析法是指通过对已有的相关研究成果进行收集、筛选、分析、归类、整理等步骤，对研究问题和研究内容形成科学认识的一种方法。本书通过收集阅读国内外文献资料，初步掌握现阶段文化产业、旅游产业领域的研究现状和研究空白，确立研究选题切入点，合理界定与研究相关的概念。本书在第一章对文化产业、旅游产业、文旅产业融合的相关研究进行文献综述，为后续研究提供文献支撑。

2. 熵值法

熵值法是客观测算权重的方法，其通过数据熵值信息即信息量大小进行权重计算。熵值法借鉴化学熵和信息熵的定义，通过定义各指标的熵值，将评估中各待评估单元信息进行量化和综合，得出各指标比较客观的权重。本书在第三章文化产业高质量发展评价指标体系的权重测算、第四章旅游产业高质量发展评价指标体系的权重测算、第五章文化资源与旅游产业发展评价指标体系的权重测算中，均采用了熵值法对权重系数进行客观测评。

3. 灰色关联分析法

灰色关联分析法是一种多因素统计分析方法，其通过研究数据关联度，度量数据之间的关联程度，进而辅助决策。本书在第三章、第四章通过熵值法计算出各指标的权重后，进一步采用灰色关联分析法，通过灰色关联系数对吉林省文化产业、旅游产业 2011~2020年的高质量发展水平进行综合评价。选取原始数据中正向指标的最优值和逆向指标的最劣值构造参考序列，求得各指标的关联系数。

4. 耦合协调度模型

耦合协调度模型在研究多个系统的耦合协调关系方面应用广泛，

可用于探讨多个相关系统间的耦合协调关系。耦合度用以测度两个或多个互相联系、互相影响的系统之间建立动态关联的稳定状态。耦合协调度模型使用耦合度阐释若干子系统之间的相互关系，并进一步使用协调发展度对整个系统进行综合评价与研究。本书在第五章基于文化与旅游产业发展综合评价结果，将文化与旅游产业看作两个独立系统，构建耦合度模型、耦合协调度模型、优先度模型进行测算分析，对吉林省文化与旅游产业协调发展进行探索。

5. 空间数据分析法

空间数据分析法主要是通过处理大量复杂的空间相关数据来实现目标，是各种空间分析的重要组成部分。空间数据分析法注重对具有空间信息的属性数据的分析。本书在第五章采用 ArcGIS 空间分析中的自然断裂法，对吉林省各地市文化资源和旅游产业发展水平进行系统分级，并对文化资源禀赋空间特征、旅游发展水平空间特征、文化资源与旅游产业发展耦合协调度、文化资源与旅游产业发展同步性空间特征进行具体分析。

6. 比较综合分析法

比较综合分析法是通过对某些处于相同时间点上不同个体的差异性表现，或者研究对象在时间维度上的演化特征进行对比分析，以探求引起差异性的内在原因、推测事物发展规律的方法。本书采用比较综合分析法，在第三章、第四章对吉林省文化产业、旅游产业高质量发展进行综合分析，在第五章对"文旅融合"耦合协调发展指标因子和测算结果进行对比分析，归纳总结"文旅融合"协调发展阶段、协调类型，以提炼出有针对性的文旅产业高质量发展、"文旅融合"协调发展优化策略。

六　研究框架

本书的研究框架如图 0-2 所示。

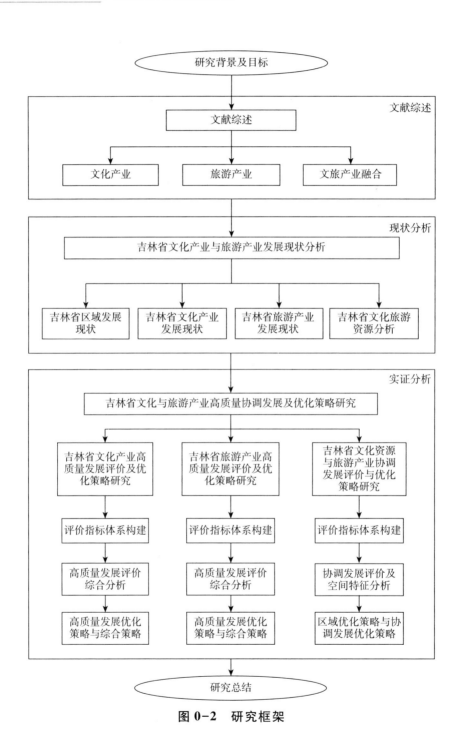

图 0-2　研究框架

第一章 文献综述

本章首先对文化产业、旅游产业进行概念界定，对文化产业和旅游产业高质量发展评价指标体系、发展水平测度、空间关联和集聚性的相关研究进行梳理、归纳和总结；其次，对文旅产业融合的发展机制、发展动力、融合度测评、融合发展空间相关分析的相关研究进行梳理，为后续研究提供参考依据。

第一节 文化产业

一 文化产业概念界定

1947 年，《启蒙辩证法》一书最早提出了文化产业的概念。2001年，联合国教科文组织公开发布信息，指出文化产业是按照工业标准，凭借现代科技手段大规模生产、复制、传播、存储、分配文化产品和服务的一系列活动，具有标准化、大众化的特征。Throsby（2001）将文化产业定义为以创新为基础、具有独特风格、能够体现个体特色且具有象征意义的文化形式的产品和服务，其将舞蹈、戏剧、音乐等创造性艺术划分为文化产业的核心，将电影、广播、报刊等具有文化属性的行业划分为文化产业的外围，将广告、观光、建筑等文化属性不稳定的行业划分为文化产业的最外围。联合国贸发会议在《2008 创意经济报告》中，将文化产业概念替换成创意产业，门类包括传统文化形式、文化活动场所、视觉艺术作品、表演艺术作品、出版和印刷媒体、视听传媒、数字新媒体、创意服务等新兴产业，突出强调了创造力、知识产权、技能和才华等方面。目前，各国对文化产业的概念界定和理解仍存在一定的差异性。例如，美国在文化产业的界定中，侧重于知识产权的保护，将其定义为生产经营受版权保护产品的企业，根据产业对版权法律的依赖划分为核心类、部分类、非专用支持类和相互依赖类（刘志华和孙丽君，2010）；英国则强调创意性，将文化产业替换成创意产业，认为凭借个人的才华或技能，在知识产权的开发和保护下，为社会创造财富和提供就业机会潜力的活动即为文化产业，包括广告、时装设计、艺术品与古董等 13 个行业（徐丹丹等，2011）。

2000 年，我国在《中共中央关于制定国民经济和社会发展第十个五年计划的建议》中首次正式提出文化产业概念；2005 年，国家统计局发布的《文化及相关产业统计指标体系框架》中初步明确文化产业的内涵和外延，将文化产业定义为从事生产、流通和提供文化产品的行业总称，其特点是文化事业的发展依靠产业化运作，并根据文化产品生产、文化产品流通和文化产品供给三个环节划分文化产业；2012 年，国家统计局参考联合国文化统计框架制定的《文化及相关产业分类（2012）》指出，为社会公众提供文化产品和文化相关产品的生产活动集合都属于文化产业；2018 年，国家统计局制定的《文化及相关产业分类（2018）》将文化产业归纳为核心层和相关层，其中核心层包括新闻信息服务、内容创作生产、创意设计服务、文化传播渠道、文化投资运营、文化娱乐休闲服务六大类，相关层包括文化辅助生产和中介服务、文化装备生产、文化消费终端生产。

由此可见，文化产业以生产和提供精神产品来满足人们的文化需要为目标，是文化意义本身的创作与销售。作为现代服务业的重要组成部分，文化产业发展潜力大、市场需求强、科技含量高、资源消耗低、消费空间大、开发价值高、投资机会多，是推动科学发展、促进经济发展方式转变的国民经济的支柱性产业，具有优结构、扩消费、增就业、促跨越、可持续的独特优势。本书参考国家统计局制定的《文化及相关产业分类（2018）》中对文化产业的界定，认为文化产业是为社会公众提供文化娱乐产品和服务的活动，以及与这些活动有关联的活动集合。

二　文化产业高质量发展评价指标体系相关研究

在文化产业高质量发展水平评价研究中，学者们主要针对我国整体区域或某经济带、某省份区域的评价指标体系构建展开探索。

在我国整体区域文化产业高质量发展评价指标体系构建研究中，袁渊和于凡（2020）结合当前中国文化产业发展的新要求与新理念，从产业效率、文化创新、协调发展、发展环境、对外开放五个方面构建文化产业高质量发展评价指标体系，其中产业效率包含产业规模和产业效益二级指标，文化创新包含教育水平和科研水平二级指标，协调发展包含产业结构和城乡协调二级指标，发展环境包含文化资源、文化设施、政府扶持二级指标，对外开放包含国际旅游和文化交流二级指标；丁仕潮（2021）从供需协同视角构建我国文化产业高质量发展评价指标体系，其中文化产业供给侧包含发展规模、产业结构、生产效率、创新能力四个方面，文化产业需求侧包含消费规模和消费结构两个方面；喻蕾（2021）从产业创新、产业协调、产业开放和产业共享四个维度构建我国文化产业高质量发展评价指标体系，其中产业创新包含创新资源和创新绩效二级指标，产业协调包含文化资源、城乡协调、政策支持二级指标，产业开放包含入境旅游和文化交流二级指标，产业共享由文化产品和服务获取机会进行测度；陆建栖和任文龙（2022）基于我国 30 个省级行政区相关数据，构建文化产业高质量发展评价指标体系，包含创新潜力、协调发展、经济效益、社会效益四个一级指标，其中创新潜力包含文化资源、人力资本、文化资本、创新投入四个二级指标，协调发展包含区域协调、城乡协调、创业协调三个二级指标，经济效益包含金融支撑、工资收入、消费者驱动、产业规模、产业投入、产业效益六个二级指标，社会效益包含吸纳就业、税收、惠民活动三个二级指标；李锦宏和肖林（2022）从创新、协调、开放、共享四个维度构建文化产业高质量发展评价指标体系，共包含创新资源、创新绩效、资源协调、城乡协调、入境旅游、文化交流、文化产品和服务获取七个评价指标；赵倩（2021）结合我国文化产业本质属性和高质量发展要求，从底层逻辑出发，构建动力发展、效益发展、协调发展三大维度，其中动力发展包含发展投入、创新能力、发展环境三个二级指标，效益发展包含经济效益、社会效益、文化环境效益、溢出效益四个二级指标，协调发展包含产业结构、城乡结构、消费结构三个二级指标；沈蕾（2022）从规模效益、创新驱动、协调持续、共享均衡四个方面构建我国文化产业高质量发展评价指标体系，其中规模效益包含规模总量、效益表现两个二级指标，创新驱动包含创新投入、创新产出两个二级指标，协调持续包含结构调整、产业协调、绿色持续三个二级指标，共享均衡包含消费共享、基础共享 、文化交流、政府支持四个二级指标。

在某经济带或某省份区域的文化产业高质量发展评价指标体系构建研究中，陆伟和王玉琦（2020）对西藏自治区的文化产业发展展开研究，从市场需求、生产要素、政府行为、产业水平四个方面构建了文化产业高质量发展评价指标体系，其中市场需求层面包括当地文化消费能力和外来文化消费能力二级指标，生产要素层面包括文化资源、人力投入、投资结构、基础设施二级指标，政府行为包括资金投入和行政管理二级指标，产业水平包括产业规模、产业收益、产业对外影响力、产业创新力二级指标；江晓晗和任晓璐（2021）从文化制造业、文化批发和零售业、文化服务业、文化及文化相关产业四个方面构建了长江经济带文化产业高质量发展评价指标体系；毛文贤（2021）对山西省文化产业展开研究，从产业资源和基础建设、文化市场潜力、相关产业发展、政府投入四个方面构建评价指标体系；李娇（2022）基于新发展理念，从创新发展、协调发展、开放发展、共享发展四个方面构建了黑龙江省文化产业高质量发展评价指标体系；张安忠（2023）对黄河流域文化产业高质量发展评价指标体系展开研究，从经济效应、社会效应、协调效应、生态效应、创新效应、开放效应几方面构建了评价指标体系。

由此可见，我国整体区域、某经济带、某省份区域的评价指标体系研究设计是学者们关注的热点，根据研究区域的不同和区域文化特色的差异，文化产业高质量发展评价指标体系的构建有不同的侧重点。现有研究中文化产业高质量发展评价指标体系和维度详情如表 1-1 所示。

表 1-1 文化产业高质量发展评价指标体系

文献来源	研究范围	评价指标维度
袁渊和于凡（2020）	全国区域	产业效率：①产业规模 ②产业效益 文化创新：①教育水平 ②科研水平 协调发展：①产业结构 ②城乡协调 发展环境：①文化资源 ②文化设施 ③政府扶持 对外开放：①国际旅游 ②文化交流
丁仕潮（2021）	全国区域	文化产业供给侧：①发展规模 ②产业结构 ③生产效率 ④创新能力 文化产业需求侧：①消费规模 ②消费结构
喻蕾（2021）	全国区域	产业创新：①创新资源 ②创新绩效 产业协调：①文化资源 ②城乡协调 ③政策支持 产业开放：①入境旅游 ②文化交流 产业共享：文化产品和服务获取机会

续表

文献来源	研究范围	评价指标维度
陆建栖和任文龙（2022）	全国区域	创新潜力：①文化资源 ②人力资本 ③文化资本 ④创新投入 协调发展：①区域协调 ②城乡协调 ③创业协调 经济效益：①金融支撑 ②工资收入 ③消费者驱动 ④产业规模 ⑤产业投入 ⑥产业效益 社会效益：①吸纳就业 ②税收 ③惠民活动
李锦宏和肖林（2022）	全国区域	创新资源、创新绩效、资源协调、城乡协调、入境旅游、文化交流、文化产品和服务获取
赵倩（2021）	全国区域	动力发展：①发展投入 ②创新能力 ③发展环境 效益发展：①经济效益 ②社会效益 ③文化环境效益 ④溢出效益 协调发展：①产业结构 ②城乡结构 ③消费结构
沈蕾（2022）	全国区域	规模效益：①规模总量 ②效益表现 创新驱动：①创新投入 ②创新产出 协调持续：①结构调整 ②产业协调 ③绿色持续 共享均衡：①消费共享 ②基础共享 ③文化交流 ④政府支持
陆伟和王玉琦（2020）	西藏自治区	市场需求：①当地文化消费能力 ②外来文化消费能力 生产要素：①文化资源 ②人力投入 ③投资结构 ④基础设施 政府行为：①资金投入 ②行政管理 产业水平：①产业规模 ②产业收益 ③产业对外影响力 ④产业创新力
江晓晗和任晓璐（2021）	长江经济带	文化制造业、文化批发和零售业、文化服务业、文化及文化相关产业
毛文贤（2021）	山西省	产业资源和基础建设、文化市场潜力、相关产业发展、政府投入
李娇（2022）	黑龙江省	创新发展、协调发展、开放发展、共享发展
张安忠（2023）	黄河流域	经济效应、社会效应、协调效应、生态效应、创新效应、开放效应

三　文化产业高质量发展水平测度相关研究

文化产业高质量发展水平测度是根据构建的评价指标体系，对研究区域内文化产业高质量发展水平进行测度，以针对区域内文化产业高质量发展的壁垒，提出有针对性的改进意见。现有研究主要针对我国整体区域或某经济带、某省份区域的文化产业高质量发展水平进行测度，研究方法主要有熵权 TOPSIS 法、纵横向拉开档次法、灰色关联 TOPSIS 法、障碍度诊断模型法、层次分析法等，或整合多种研究方法。现有文化产业高质量发展水平测度相关研究如表 1-2 所示。

表 1-2　文化产业高质量发展水平测度相关研究

文献来源	研究范围	研究方法	研究结论
袁渊和于凡（2020）	全国区域	熵权 TOPSIS 法	结果表明我国文化产业高质量发展指数整体较低，区域间差异明显，呈现"东部>西部>中部"的空间格局；产业效率指数、文化创新指数和对外开放指数区域分布均呈现"东高西低"的空间格局，协调发展指数区域分布呈现"西高东低"的空间格局，发展环境指数区域分布呈现"东西高中部低"的空间格局
丁仕潮（2021）	全国区域	熵权 TOPSIS 法-线性加权函数法	结果表明中国 31 个省份文化产业供给侧、需求侧及高质量发展指数均存在时空差异，且呈现由沿海地区向内陆地区递减的分布格局；东部沿海地区遥遥领先，上海最高，浙江、北京、天津、广东等次之，长江中游的安徽、湖南等发展潜力巨大；考察期内文化产业发展质量类型可分为均衡领先型、市场带动型及基础培育型三种，并呈现"基础培育型—市场带动型—均衡领先型"的演化路径

文献来源	研究范围	研究方法	研究结论
赵倩（2021）	全国区域	纵横向拉开档次法	结果表明我国各省（市）文化产业高质量发展节奏不齐，区域存在明显的发展壁垒，多数省（市）发展水平仍处于偏低状态；各省（市）文化产业高质量发展优势不同，各方面发展有所差异；各省（市）三大维度协调程度仍呈现"东部发达在前、中部地区跟随、西部边远掉队"的态势，且多数地区内部协调未得到好转；文化产业高质量发展关联网络初步成型，东部发达地区作为关键节点向外辐射，湖北、重庆、四川等地因地理位置优势也与全国多数地区建立了文化产业高质量发展联系
沈蕾（2022）	全国区域	灰色关联TOPSIS法	结果表明我国文化产业高质量发展水平总体呈稳步增长趋势，指数呈东部、中部、西部依次递减的分布特征，而中西部地区的指数增速高于东部，中西部的"追赶效应"凸显，北京与上海在创新驱动方面的发展稍显不足；文化产业高质量发展的区域差异有逐步扩大的趋势，东部地区内差异和东部与西部区域差异较大，区域间差异较大是造成区域发展不平衡不协调的主要原因
李锦宏和肖林（2022）	全国区域	熵权TOPSIS法	结果表明我国文化产业创新与共享能力表现较好，开放问题较为突出；整体及各区域文化产业高质量发展水平呈现波动上升态势；差异主要来源于区域间，有向区域内差异转移的趋势
李娇（2022）	黑龙江省	熵权-灰色关联模型、障碍度诊断模型法	结果表明黑龙江省文化产业高质量发展水平呈"U"形发展趋势，从各个维度来看，文化产业创新发展水平相对平稳，但长期处于中等偏低的发展水平；协调发展水平略有下降，其中城乡居民人均文化娱乐消费呈波动下降趋势，

文献来源	研究范围	研究方法	研究结论
			保持在较低发展水平；开放发展水平明显下降，其中对外文化交流活动项目数和入境旅游收入下降较为明显；共享发展水平表现较好，呈上升趋势。创新因素的障碍度维持在较高水平；协调因素的障碍度变化幅度较小但近几年有所上升，维持在低水平状态；开放因素的障碍度上升明显；共享因素的障碍度逐年降低
陆伟和王玉琦（2020）	西藏自治区	层次分析法、熵权法	结果表明拉萨作为西藏自治区的首府在文化产业发展方面远超过其他地区；山南市表现较好；日喀则市、林芝市和昌都市发展相当；阿里地区和那曲市都是处于西藏自治区文化产业发展的靠后地区
江晓晗和任晓璐（2021）	长江经济带	DEA-Malmquist模型	结果表明长江经济带文化产业全要素生产率地区差异、行业差异明显；技术创新能够显著促进长江经济带文化产业高质量发展，同时存在明显行业差异
毛文贤（2021）	山西省	因子分析法	结果表明文化产业整体发展水平较高的区域集中于山西省中部地区，太原市一直处于领先水平，晋中市后来居上发展快速，朔州市、忻州市和吕梁市文化产业发展持续处于低水平
张安忠（2023）	黄河流域	熵权TOPSIS法	结果表明黄河流域文化产业高质量发展整体水平较低，各子效应差异性明显，地区水平由西向东呈现逐渐提升的阶梯形态势，上、中、下游文化产业高质量发展子效应的分布趋势存在一致性特征

四　文化产业空间关联和集聚性相关研究

探究文化产业空间关联和集聚性，有助于探究文化产业区域发展的优势与局限，合理制定集聚空间规划布局，优化资源配置，加速文化产业发展。例如，杨秀云等（2021）分析了中国文化产业空间集聚的区域分布特征，通过构建动态面板数据模型，进行集聚变动指标分解，剖析了文化产业空间集聚的演化特征，研究发现中国文化产业空间集聚发展在不同区域间呈现阶梯状非均衡分布特点，各文化细分行业的空间集聚程度偏低，且多个细分行业空间集聚水平出现下降趋势。刘润等（2020）以武汉市为例，采用地理空间统计分析方法，揭示了武汉市文化产业集聚发展的特征与模式，研究发现武汉市文化产业主要集中在三环内中心城区，不同类型文化产业在不同区域的优势度有差异，文化产业集聚发展在交通依赖、区位选择、产业关联、载体依托和主体推动等方面已形成一定的模式。冯茜（2021）运用空间自相关分析法研究区域文化产业发展效率的时空分异，结果发现我国文化产业集聚效应整体呈现东高西低的态势；全国文化产业发展效率整体水平不高，区域文化产业发展具有显著的空间相关性，空间分布以"L—L"类型为主，区域文化产业集聚程度、经济发展水平、开放程度、文化基础设施和人力资本是影响文化产业发展效率的重要因素；文化产业集聚具有显著的空间溢出效应，其对本省份文化产业发展效率有正向促进作用，也有利于相邻省份文化产业发展效率的提高。丁仕潮（2021）对我国文化产业演化特征进行研究，发现文化产业区域不平衡，东部沿海地区相对领先。结果表明，中国 31 个省份文化产业供给侧、需求侧及高质量发展指数均存在时空差异，且呈现由沿海地区向内陆地区递减的分布格局；东部沿海地区遥遥领先，上海最高，浙江、北京、天津、广东等次之，长江中游的安徽、湖南等发展潜力巨大；考察期内文化产业发展质量类型可分为均衡领先型、市场带动型及基础培育型三种，并呈现"基础培育型—市场带动型—均衡领先型"的演化路径。目前，现有省域文化产业空间关联和集聚性相关研究比较缺乏，对东北地区关注度不足，缺乏对吉林省省域空间关联和集聚性的研究。

综上所述，文化产业研究领域目前还处于学术探索阶段，相关研究对文化产业高质量发展关注度不足，在文化产业评价方面视角单一，缺乏对省域层面空间关联性和异质性的考量。基于此，本书在第五章以吉林省 8 个地级市和 1 个自治州为研究样本，构建吉林省文化产业高质量发展评价指标体系，对吉林省文化产业高质量发展水平进行测评。通过定量评价研究，提出吉林省文化产业高质量发展优化策略，为促进吉林省文化产业高质量发展提供科学的参考依据。

第二节　旅游产业

一　旅游产业概念界定

旅游业的开端可以追溯到 19 世纪，工业革命促使旅游活动迅速发展。英国的托马斯·库克是近代旅游业的先驱，被称为"旅游业之父"，他根据市场需求，成立了世界上第一家旅行社，奠定了旅游业发展的雏形。在第二次世界大战之后，人们生活水平的提高，交通运输业的快速发展，使旅游业呈井喷式爆发。20 世纪 50 年代美国学者 Lundberg 提出了现代旅游业的概念，认为"旅游业"是为国内外游客服务的一系列相关的行业。

自改革开放以来，我国旅游体制逐步发生变化，旅游产业逐步兴起。早期的传统旅游业多依靠旅行社开展旅游活动，以销售旅游产品为中心。1985 年，《全国旅游事业发展规划（1986—2000）》首次把"旅游业作为国家重点支持发展的一项事业"列入国民经济发展计划；1995 年，《中共中央关于制定国民经济和社会发展"九五"计划和 2010 年远景目标的建议》中提出旅游业是新兴产业；

2006 年，《中国旅游业发展"十一五"规划纲要》明确提出，要把旅游业培育成为国民经济的重要产业；2009 年，《国务院关于加快发展旅游业的意见》中提出，要把旅游业培育成国民经济的战略性支柱产业和人民群众更加满意的现代服务业；2011 年，国务院将 5 月 19 日确定为"中国旅游日"；2016 年，国务院将《"十三五"旅游业发展规划》纳入国家"十三五"重点专项规划，标志着旅游业全面融入国家战略体系，成为经济社会发展的中心；2018 年，在国家统计局修订的《国家旅游及相关产业统计分类（2018）》中明确了旅游产业的内涵和外延，将旅游相关产业定义为为游客出行提供旅游辅助服务和政府旅游管理服务等活动的集合，与旅游业直接相关和间接相关的产业几乎包括了第一产业、第二产业以及第三产业的方方面面。

同时，众多学者对我国旅游业进行了定义，并对旅游业的本质进行探讨。李天元（2003）认为旅游业是以旅游者为对象，以服务旅游者为目标，为旅游者提供旅游活动所需产品和服务的综合性产业，即旅游业旨在确保旅游业的持续发展，满足旅游业的消费需求，提供旅游业所需的产品（周珂等，2023）。王兴斌（2000）将旅游产业定义为满足游客需要，以食、住、行、游、购、娱为主要内容的旅游行业，以及为旅游行业提供各种资源服务与支持的行业和部门。作为服务业的重要组成部分，旅游业以产业的形式将旅游带入国民经济发展中，对经济发展起着重要作用（申葆嘉，2007）。旅游本质上是一种亲近自然和追求文化体验的休闲活动，在自然环境和民族文化的依托下，旅游产业得以持续性发展（王汉祥和赵海东，2015）。旅游产业的休闲功能，极大程度地满足了人们的精神文化需求，同时作为一种综合性的现代产业，它产生了多方面的投资驱动，推动着交通、餐饮、民宿等一系列相关产业的发展，是国民经济稳定增长的重要基础（苏建军等，2014）。

由此可见，旅游产业以生产和提供人们所需的旅游产品与旅游服务为目的，满足人们的精神与物质需求。作为现代服务业的重要组成部分，旅游产业是拥有巨大的发展空间与前景、强大的市场需求、广阔的消费空间、高开发价值和丰富的投资机会，能带动相关产业链增长、促进经济发展方式转变的支柱性产业，具有优结构、扩消费、增就业、促跨越、可持续的独特优势。本书参考国家统计局 2018 年修订的《国家旅游及相关产业统计分类（2018）》中对旅游产业的界定，认为旅游产业是为社会公众提供旅游相关产品和服务的活动，以及与之有关联的活动的集合。

二 旅游产业高质量发展评价指标体系相关研究

在旅游产业高质量发展水平评价研究中，学者们主要针对我国整体区域或某经济带、某省份区域的评价指标体系构建展开探索。

在我国整体区域旅游产业高质量发展评价指标体系构建研究中，宋长海（2016）根据旅游业发展质量的内涵，从旅游业发展环境质量、游客旅游质量、旅游企业发展质量、旅游产业发展质量、旅游目的地发展质量等五个方面选取指标构建了旅游业发展质量评价指标体系；丰晓旭和夏杰长（2018）在总结分析全域内涵的基础上，从产业域、空间域和管理域三个维度构建旅游产业高质量发展评价指标体系，其中产业域包括旅游总收入占本地 GDP 比重、旅游企业利润率等五个基础指标，空间域包括铁路密度、公路密度等六个基础指标，管理域包括游客评价一个基础指标；王旭科等（2019）选取了生态环境、公共服务、发展效益、旅游竞争力、融合发展和保障体系六个要素作为全域旅游发展水平评价指标体系的要素层指标；刘冰洁等（2021）主要考量了旅游业与文化等其他产业的融合发展，从旅游资源、旅游市场和旅游潜力三个方面构建了全域旅游下旅游业发展水平综合评价指标体系；刘雨婧和唐健雄（2022）以新发展理念为核心，结合高质量发展内涵，从旅游业供需水平升级、创新驱动发展、生态文明建设、经济高效稳定和民生质量提升五个维度构建旅游业高质量发展评价指标体系，对每个维度不同的准则层构建了不同的测度指标；王凯等（2023）依据可持续发展理论与系统协调性原则从旅游经济质量、旅游产业结构、旅游环境质量三个维度构造了旅游业高质量发展的指标体系；田红和刘呈庆（2024）以新发展理念和可持续发展理念为指导，从产业发展、创新驱动、社会和谐、文化赋能和生态保护五个维度构建了旅游业高质量发展评价指标体系，其中产业发展包括规模增长、结构优化、效率提升三个二级指标，创新驱动包括科研能力、教育能力、产出能力三个二级指标，社会和谐包括区域协调、公共服务、福利共享、对外开放四个二级指标，文化赋能包括文化资源、文化保护、文旅融合三个二级指标，生态保护包括环境治理、环境质量、环境影响三个二级指标；郭强和李秋哲（2024）以高质量发展特征为框架构建了包括质量追赶、结构升级、创新驱动、共同富裕、绿色发展五个维度的旅游业高质量发展评价指标体系，其中质量追赶包括旅游业产品品质、旅游业发展效率两个二级指标，结构升级包括旅游产业结构合理化、旅游产业结构高级化两个二级指标，创新驱动包括旅游业创新投入、旅游业创新产出两个二级指标，共同富裕包括促进区域发展共同富裕、促进精神生活共同富裕两个二级指标，绿色发展包括旅游业生态保护、旅游业低碳发展两个二级指标。

在某经济带或某省份区域的旅游产业高质量发展评价指标体系构建研究中，叶建赓等（2019）对云南省的旅游产业发展质量展开研究，结合产业要素质量、产业结构质量、产业运行质量、产业产品质量、公共服务质量、产业环境质量、产业信息化质量七大要素构建了云南省旅游产业发展质量评价指标体系；李志远和夏赞才（2021）以新发展理念为基础从创新系统、协调系统、绿色系统、开放系统、共享系统五个方面构建了长江经济带 11 个省份的旅游业高质量发展水平指标体系；张新成等（2022）选取了 12 个重点红色旅游城市为案例，归纳出增长动力、增长结构、增长方式、增长成果、增长形态、增长基础六个层面，构建了红色旅游高质量发展评价指标体系；阎友兵和胡欢欢（2022）从旅游业高质量发展概念出发，从产业发展活力、创新发展、协调发展、绿色发展、开放发展、共享发展和有效发展七个维度构建了中国东部地区 11 个省份的旅游业高质量发展水平评价指标体系；周霖等（2023）以黄河流域 9 个省份为案例区域，构建了基于旅游经济发展、旅游产品供给、旅游技术创新、旅游产业人才、旅游公共服务和旅游生态环境六个维度的旅游业高质量发展评价指标体系。

由此可见，我国整体区域、某经济带、某省份区域的旅游产业评价指标体系研究设计是学者们关注的热点，根据研究区域的不同和区域旅游特色的差异，旅游产业高质量发展评价指标体系的构建有不同的侧重点。现有研究中旅游产业高质量发展评价指标体系和维度详情如表 1-3 所示。

表 1-3　旅游产业高质量发展评价指标体系

文献来源	研究范围	评价指标维度
宋长海（2016）	全国区域	旅游业发展环境质量：①自然环境　②旅游资源环境　③经济环境　④技术环境　⑤政治法律环境　⑥社会健康和卫生　⑦社会安全环境　⑧人力资源 游客旅游质量：游客旅游质量 旅游企业发展质量：①经济效益　②社会责任 旅游产业发展质量：①产业规模　②产业结构 旅游目的地发展质量：①经济净福利及合理分配　②居民满意度　③旅游可达性　④品牌形象

续表

文献来源	研究范围	评价指标维度
丰晓旭和夏杰长（2018）	全国区域	产业域：①旅游总收入占本地 GDP 比重　②旅游企业利润率　③旅游企业全员劳动生产率　④平均逗留时间与核心景区数之比　⑤游客人均每天游览花费占比 空间域：①铁路密度　②公路密度　③每万人拥有公共交通车辆　④农村卫生厕所普及率　⑤人均公园绿地面积　⑥互联网普及率 管理域：游客评价
王旭科等（2019）	全国区域	生态环境：①湿地面积　②森林覆盖率　③年均旅游适宜天数 公共服务：①航客运　②铁路客运　③高速公路通行量 发展效益：①旅游业消费总额　②国内接待人数　③国内旅游花费　④入境游客人数　⑤入境游客消费 旅游竞争力：①四星级及以上酒店数量　②4A级及以上景区数量　③省级及以上旅游度假区数量 融合发展：①旅游业占服务业比重 保障体系：①手机浸入数量　②中专及以上学校数量
刘冰洁等（2021）	全国区域	旅游资源：①景点资源　②广义资源 旅游市场：①旅游供给　②旅游接待 旅游潜力：①旅游人才　②旅游需求
刘雨婧和唐健雄（2022）	全国区域	供需水平升级：①高品质旅游产品　②高质量旅游服务　③高水平旅游需求 创新驱动发展：①旅游创新投入　②旅游创新产出 生态文明建设：①绿色环保　②污染排放　③环境治理 经济高效稳定：①资源配置效率　②经济增长稳定 民生质量提升：①旅游收入福利　②旅游就业福利　③旅游教育福利　④居民休闲福利

文献来源	研究范围	评价指标维度
王凯等 （2023）	全国区域	旅游经济质量：①旅游经济稳定 ②旅游经营效率 旅游产业结构：①结构合理化 ②结构高级化 旅游环境质量：①资源环境质量 ②生态环境质量
田红和刘呈庆 （2024）	全国区域	产业发展：①规模增长 ②结构优化 ③效率提升 创新驱动：①科研能力 ②教育能力 ③产出能力 社会和谐：①区域协调 ②公共服务 ③福利共享 ④对外开放 文化赋能：①文化资源 ②文化保护 ③文旅融合 生态保护：①环境治理 ②环境质量 ③环境影响
郭强和李秋哲 （2024）	全国区域	质量追赶：①旅游业产品品质 ②旅游业发展效率 结构升级：①旅游产业结构合理化 ②旅游产业结构高级化 创新驱动：①旅游业创新投入 ②旅游业创新产出 共同富裕：①促进区域发展共同富裕 ②促进精神生活共同富裕 绿色发展：①旅游业生态保护 ②旅游业低碳发展
叶建赓等 （2019）	云南省	产业要素质量：①产业规模 ②产业效率 产业结构质量：①行业结构 ②市场结构 产业运行质量：产业稳定性及带动性 产业产品质量：①产品质量 ②服务质量 公共服务质量：①旅游基础设施 ②政府服务 产业环境质量：①自然环境 ②安全环境 产业信息化质量：①信息基础设施建设 ②信息化利用率

文献来源	研究范围	评价指标维度
李志远和夏赞才（2021）	长江经济带	创新系统：①创新驱动　②人力资本 协调系统：①内部发展　②外部协调 绿色系统：①污染状况　②生态质量 开放系统：①文旅传播　②对外交流 共享系统：①公共服务　②民生共享
张新成等（2022）	红色旅游城市	增长动力：①人力资本　②创新能力　③创新环境 增长结构：①产业发展　②系统协调 增长方式：①生态质量　②环境治理 增长成果：①公共服务　②社会共享 增长形态：①引进来　②走出去 增长基础：①文化保护　②旅游资源
阎友兵和胡欢欢（2022）	中国东部地区	产业发展活力：①旅游供给活力　②旅游需求活力 创新发展：①创新投入　②创新产出 协调发展：①城乡协调　②区域协调　③社会协调　④产业结构协调 绿色发展：①资源消耗　②环境治理　③生态保护 开放发展：①对外开放　②文化交流 共享发展：①美好生活　②基础设施　③公平正义 有效发展：①产出质量　②产出效果
周霖等（2023）	黄河流域	旅游经济发展：①旅游经济规模　②旅游经济效益 旅游产品供给：①资源丰富度　②资源吸引力 旅游技术创新：①旅游创新投入　②旅游创新产出 旅游产业人才：①旅游人才规模　②旅游人才素质 旅游公共服务：①公共信息服务　②旅游接待设施 旅游生态环境：①环境质量　②生态治理

三　旅游产业高质量发展水平测度相关研究

旅游产业高质量发展水平测度是根据构建的评价指标体系，对研究区域内旅游产业高质量发展水平进行测度，以发现阻碍其高质量发展的问题，并提出相应的改进意见。现有研究主要针对我国整体区域或某经济带、某省份区域的旅游产业高质量发展水平进行测度，研究方法主要有熵权 TOPSIS 法、多目标线性加权函数法、客观评价方法、熵值法等或整合多种研究方法。现有旅游产业高质量发展水平测度相关研究如表 1-4 所示。

表 1-4　旅游产业高质量发展水平测度相关研究

文献来源	研究范围	研究方法	研究结论
丰晓旭和夏杰长（2018）	全国区域	全局主成分分析法和熵值法相结合	结果表明我国 31 个省份的全域旅游发展水平稳步提升，东部地区领先于其他地区，东北地区次之；从各维度看，产业域水平发展稳定，空间域水平发展迅猛，而管理域水平波动性比较明显
刘冰洁等（2021）	全国区域	熵权 TOPSIS 法	结果表明我国旅游业发展水平呈现比较明显的地区差异。中部地区省份和东北地区省份的旅游业经过十几年的发展，从中低水平发展到中高水平，并维持平缓稳定的发展速度；东部地区的旅游业发展一直处于较高水平，且维持得较稳定；青海、宁夏和西藏等西部地区省份旅游业发展水平较低，且处于停滞状态
刘雨婧和唐健雄（2022）	全国区域	熵权 TOPSIS 法	结果表明 2008～2018 年我国旅游业高质量发展水平呈持续上升态势，但水平较低，增长速度较缓慢，各维度指数水平及变化形态均存在差异，东部、中部、西部三大地区旅游业高质量发展水平逐步递减，形成了以北京、上海、广东等为主力，以湖南、安徽等为辅助，其他地区协同发展的空间格局，区域存在较弱的正向集聚性，旅游业高质量发展重心位于河南，呈"东北-西南"分布形态，空间分布格局未发生明显变动

续表

文献来源	研究范围	研究方法	研究结论
王凯等（2023）	全国区域	熵值法、ESDA、Dagum 基尼系数	结果表明 2006~2019 年全国旅游业高质量发展指数呈不断上升的态势，但整体水平较低；从空间层面看，研究期内东部、中部、西部和东北地区的旅游业高质量发展指数的均值呈现显著的区域差异，各区域旅游业高质量发展的水平整体表现为"东部>中部>西部>东北"的格局，且东部各省份水平普遍高于全国平均水平。旅游业高质量发展的全局空间关联性显著，局部呈"东南热-西北冷"的聚集特征；旅游业高质量发展水平空间差异的总体基尼系数呈波动变化，区域间差异与区域内差异呈敛缩态势，且区域间差异对总体差异的贡献最大
田红和刘呈庆（2024）	全国区域	熵值法、多目标线性加权函数法	结果表明 2011~2019 年我国旅游业高质量发展水平总体呈上升趋势，产业发展水平、社会和谐水平、创新能力、文旅融合程度、生态保护水平均得到明显提升，2020~2021 年受新冠疫情影响，虽然总体发展水平和产业发展水平有所下降，但其他四大指标得分均持续上升，反映了我国旅游业高质量发展水平随着各行业高质量发展进程而不断提升。但是各省份之间旅游业高质量发展水平差异明显，总体发展质量处于中等水平，距离高质量发展标准仍有较大差距
郭强和李秋哲（2024）	全国区域	客观评价方法、Saaty 三标度法	结果表明我国旅游业高质量发展水平经历了"提升—下降—恢复"三个阶段，新冠疫情冲击影响较大，但恢复势头良好。10 年间区域格局发生了显著变化：2012~2019 年，由京津、长三角领先发展，逐步转变为东部沿海到内陆递减；2020 年，疫情冲击下呈现抱团发展；2021 年，形成南强北弱的发展格局。整体差异呈现"下降—上升—回落"态势；地区内差异较大，东部地区差异是地区内差异主要来源，西部地区差异扩大趋势明显

续表

文献来源	研究范围	研究方法	研究结论
叶建赓等（2019）	云南省	模糊粗糙集法	结果表明云南省9个地市区域在旅游产业发展的7个维度方面表现各有特色；旅游产业各地区发展质量差异性较大，各地区间差距有波动，部分地区波动比较明显，部分地区发展质量趋于平稳。综合而言，当地就业率因旅游业的发展得到显著提升，进而推动了经济发展
李志远和夏赞才（2021）	长江经济带	熵值法、健康距离模型、模糊集定性比较分析方法	结果表明长江经济带旅游业高质量发展水平整体呈现上升趋势，但区域差异显著，东部地区水平明显高于中西部地区水平；东部、中部、西部地区失配度水平差异明显，东部属于匹配地区，中部与西部属于失配地区，且障碍因素不尽相同；单一变量不足以引致旅游业高质量发展格局的形成，它是诸系统协同作用的结果；东部地区旅游业发展具备相对优势，需更着眼于旅游业与相关产业的优质协调；中西部地区则亟待解决创新能力薄弱、人力资源匮乏、文旅传播不畅等多方面困境
张新成等（2022）	红色旅游城市	扎根分析方法、健康距离模型、定性比较分析方法	结果表明案例地红色旅游高质量发展水平整体不高，地区差异显著，六大子系统中增长动力、增长结构和增长方式上升水平尤为显著；案例地红色旅游高质量发展存在极差化特征。具体引致各发展类型失配的障碍系统存在差异，且其主导障碍因素呈现由内部资源优势向外部环境协调转化的过程
阎友兵和胡欢欢（2022）	中国东部地区	熵值法	结果表明从综合水平来看，2013~2018年东部地区旅游业高质量发展处于中等水平，呈现波动上升的趋势，各省份综合水平的提升幅度差异较大，水平演变轨迹表现为多种类型，各地区旅游业高质量发展水平在所选时期内存在不同的发展状态，"核心-外围"区域差异明显

续表

文献来源	研究范围	研究方法	研究结论
周霖等（2023）	黄河流域	熵值权重、加权 TOPSIS、耦合协调度模型	结果表明旅游经济发展与产品供给在黄河流域空间格局相似，旅游技术创新与产业人才的空间格局相似。旅游生态环境则与其他子系统差异较大，在黄河流域呈西高东低、北高南低分布格局。除四川省外，旅游业高质量发展综合水平在黄河流域总体呈河段差异性特征，下游省份发展等级较高，中下游省份次之，上游省份多为低等级类型。此外，沿线省区旅游业高质量发展制约因素主要有生态环境、技术创新与经济发展三种类型

四 旅游产业空间关联和集聚性相关研究

探究旅游产业空间关联和集聚性，有助于探究旅游产业区域发展的优势与局限，合理制定集聚空间规划布局，优化资源配置，加速旅游产业发展。例如，陈静等（2021）从产业规模集聚度、产业空间集聚性和产业内部关联度三个维度测度分析了新疆旅游产业集群状况，研究发现新疆旅游产业整体具有一定的专业化水平，旅游产业集群规模化程度越来越高，在新疆内部表现为横向发展，呈现由局部到全面的发展趋势，但南北疆发展差异较大。董文静等（2022）从产业融合视角利用 2009~2019 年中国（未包括港澳台地区）31 个省域文化产业与旅游产业数据，分析了两大产业综合发展水平时空变化特征、耦合协调度时空分异特征及空间关联格局，结果表明从文化产业和旅游产业耦合协调度时空演化态势来看，时间上整体呈现上升态势，初步实现良性耦合，空间上呈现"西低东高、北降南升"非均衡发展和空间分异特征；就两大产业空间关联格局而论，呈现显著的全局和局部正向空间集聚特征，西南地区、东北地区及中西部地区分别属于"H-H"和"L-L"集聚类型，中部地区属于"H-L"和"L-H"集聚类型。赵建春（2024）选取了2003~2022年我国内地除西藏以外30个省份的地区产业结构优化升级和旅游效率的面板数据，采用空间面板杜宾模型（SPDM）对产业结构合理化、高度化与旅游效率进行检验，研究表明在产业结构优化升级与旅游效率的空间关联特征中，产业结构合理化空间自相关性十分显著，产业结构高度化存在显著的空间依赖性，旅游效率在全国范围内呈现集聚趋势；产业结构优化升级与旅游效率的局部空间关联特征存在显著的空间自相关性，聚类模式以"H-H"和"L-L"为主，旅游效率受到经济发展、城市化率、旅游资源禀赋、交通基本条件、旅游要素多寡、信息化程度、市场容量等控制变量的影响，且存在不同程度的差异。田里等（2024）从旅游需求市场的区位特征与旅游产业集聚关系的角度出发，研究了入境旅游产业集聚的原因及机制，通过集聚程度测度，结果表明我国入境客流省际分布存在"多寡不均"、区域化差异逐步明显的特征，且入境旅游需求市场的各项空间分布指标与旅游产业集聚呈"倒U形"相互关系。曹开军和龙顺发（2022）采用区位熵、空间自相关方法分析了新疆85个县旅游产业集聚水平及时空演变特征和时空异质性，研究发现新疆旅游产业集聚水平空间布局区域间差异明显，新疆各县旅游产业集聚在空间上呈现明显的高（低）集聚。

综上所述，旅游产业研究领域目前还处于学术探索阶段，相关研究对旅游产业高质量发展关注度不足，在旅游产业评价方面视角单一，缺乏对省域层面空间关联性和异质性的考量。基于此，本书第五章以吉林省8个地级市和1个自治州为研究样本，构建吉林省旅游产业高质量发展评价指标体系，对吉林省旅游产业高质量发展水平进行测评。通过定量评价研究，提出吉林省旅游产业高质量发展优化策略，为促进吉林省旅游产业高质量发展提供科学的参考依据。

第三节 文旅产业融合

"文化+旅游"产业融合成为社会各界的关注焦点和学界研究热点。国外旅游产业融合研究始于1998年（Dimitrios，1998），研究方向主要集中在两产业的相互影响（Taylor，2001；McKercher and Du Cros，2002）、融合途径（Anne，2005；Richards and Wilson，2006；Jordan，2012；Agnieska，2015）、文化旅游产品开发（Frías-Jamilena et al.，2018；Chen and Rahman，2017）等方面，并基本达成了文化与旅游能相互促进、共同发展的观点。我国文化和旅游产业融合研究分为发展初期和全面发展期（李先跃，2019）。发展初期为2009~2017年，相关研究主要从文化与旅游产业融合的可行性、融合驱动因素、实现路径以及运作模式等方面展开，研究内容受政策导向明显，区域融合发展定性研究较多、定量研究较少（李先跃，2019）。进入全面发展期，即2018年及以后的研究朝广泛融合和深度融合方向发展，学科与多方法结合的区域融合研究成为主流（李先跃，2019）。目前主要从融合发展机制、融合发展动力、融合度测评、融合发展空间相关分析这四个方面展开系统研究。

一 文旅产业融合发展机制

文化产业与旅游产业具有天然的耦合性（刘治彦，2019），早期学者证实了两者的互补共赢性（McKercher and Du Cros，2002；Richards and Wilson，2006）、互动发展必要性（Taylor，2001；McKercher and Du Cros，2002）。Richards和Wilson（2006）指出，文化要素与旅游产业要相互融合，以使旅游产业富有深厚的文化内涵；McKercher和Du Cros（2002）认为文化产业的兴起能够促进旅游经济的发展，进而增强旅游产业的竞争力；张肃和黄蕊（2018）研究发现文化旅游产业融合与文化消费之间存在互为因果的关系，产业融合对文化消费水平的提升作用十分显著；柴焰（2019）指出文化与旅游的相互渗入、互为支撑、协同并进、深入融合是满足人们追求高品质旅游和美好生活需求的必由之路。由此可见，文化产业与旅游产业的融合发展，是经济社会发展的必然趋势。

后续研究积极探索了文化与旅游产业的融合路径（Jordan，2012；Agnieska，2015）、融合模式（胡钰和王一凡，2018）等发展机制。在融合路径方面，学者们主要从资源融合、市场融合、技术融合、功能融合等方面进行探索（Jordan，2012；Agnieska，2015；关旭等，2018）。Jordan（2012）探索了旅游、文化和创业产业的融合路径；关旭等（2018）对城市旅游业与演艺业的融合路径进行研究，提出多要素融合路径，即产品、资源、市场等要素融合；梁峰和郭炳南（2016）认为可以通过挖掘城市的文化、商贸、旅游三类资源，构建文化集聚区、旅游集聚区、商业集聚区和大型城市综合体四种融合发展的路径；Agnieska（2015）从资源融合视角提出了文化资源与旅游资源的深度融合路径；金武刚等（2019）认为文旅融合可从公共服务建设方面进行考量，建设路径可从文化产业和旅游产业融合、文化产业和旅游公共服务融合、公共文化服务和旅游产业融合、公共文化服务和旅游公共服务等四方面进行融合发展。

在融合模式方面，学者们主要从产业模式、可持续发展模式、一体化发展模式等视角展开研究（胡钰和王一凡，2018；杨军，2018；关旭等，2018）。胡钰和王一凡（2018）提出了PPP（Public Private Partnership）模式，并对文化旅游产业PPP模式的典型样本进行调研，提出文化旅游产业PPP模式要以产业发展为核心，提供综合性、全方位服务，注重长期高效运营；杨军（2018）以玉树州文旅产业多元融合为例，进一步提出跨产业、跨区域的可持续发展模式；关旭等（2018）提出了城市旅游业与演艺业的一体化发展模式。

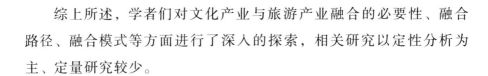

综上所述，学者们对文化产业与旅游产业融合的必要性、融合路径、融合模式等方面进行了深入的探索，相关研究以定性分析为主、定量研究较少。

二　文旅产业融合发展动力

文化与旅游产业的融合发展动力研究呈现两种视角，主要从融合动力要素和融合动力机制两个方面展开。

在文化与旅游产业的融合动力要素方面，关旭等（2018）研究发现企业诉求、需求变化、技术进步是文化和旅游产业融合发展的动因；但红燕和徐武明（2015）对文化产业与旅游产业的融合动因及效应展开分析，研究发现文化产业与旅游产业融合的动因主要包括市场需求、企业对效益最大化的追求、技术革新、管制放松等；赵书虹和陈婷婷（2020a）对民族地区文化产业与旅游产业的融合动力进行解析，研究发现资源要素整合、旅游需求升级、创新变革支撑、企业管理决策四个主范畴是民族地区文化产业与旅游产业的融合动力。

在文化与旅游产业的融合动力机制方面，赵磊（2015）从内部和外部两个方面探索了文化产业与旅游产业的融合动力机制，包括市场机制、政府管理机制等外部动力机制，竞争机制、创新机制等内部动力机制。在融合动力机制及协同效应方面，周春波（2018）采用前沿面板计量分析技术，基于协同创新思维从消费需求驱动机制、制度环境协同推动机制、技术和制度协同带动机制几方面，探索产业融合动力机制及协同效应；黄蕊和侯丹（2017）对东北三省文化与旅游产业融合动力机制展开研究，认为两大产业融合的动力机制主要包括文化要素的渗透、文化消费的拉动以及技术创新的推动等；张新成等（2023）运用多案例定性比较和典型案例网络文本分析方法，提出了文化和旅游产业融合质量驱动机制及培育路径。

综上所述，现有文化与旅游产业的融合动力研究多从融合动力要素、融合动力机制两方面展开，研究多从质性层面进行阐述，定量研究的视角比较单一。

三 文旅产业融合度测评

鉴于数据的可获得性，学者们基于不同视角对文化和旅游产业融合度进行测评。融合度测评模型主要依据耦合系数模型（曲景慧，2016；黄蕊和侯丹，2017；周彬等，2019；侯兵和周晓倩，2015）、投入产出模型（樊爱霞等，2015）、灰色关联度模型、效益评价模型（尹华光等，2016）等，研究对象多为单一区域或多区域比较研究。

在文化和旅游产业单一区域融合度测评研究方面，范红艳和薛宝琪（2016）、方忠和张华荣（2018）、周彬等（2019）从产业融合视角分别构建河南、福建、内蒙古文化产业与旅游产业发展水平评价指标体系，对产业耦合协调度进行测评；侯兵和周晓倩（2015）通过熵值法确定各指标权重，借鉴耦合度模型构建融合发展模型，对长三角地区文化产业与旅游产业融合态势进行预测；许春晓和胡婷（2018）引入生产力模型与生产要素理论，测度大湘西地区文化旅游产业融合度；尹华光等（2016）通过构建效益评价模型，对武陵山片区文化产业与旅游产业融合发展效益评价进行研究；张斌轶（2018）采用灰色关联度模型，对辽宁省文化产业与旅游产业融合发展进行测评。文化和旅游产业单一区域融合度测评多以某一个省份或某个民族区域、县域等范围进行。

在文化和旅游产业多区域融合度比较研究方面，张琰飞和朱海英（2014）以西南地区为研究区域，对区域内文化产业与旅游产业融合发展水平进行比较研究；黄蕊和侯丹（2017）以东北三省为研究区域，采用耦合协调度模型，测算比较三省的文化产业与旅游产业融合度；曲景慧（2016）从产业综合实力、经营收入、人才机构角度选择 20 个产业融合评价指标，采用耦合协调度模型对中国 7 个区域的文化产业与旅游产业融合时空变动进行评价分析；翁钢民和李凌雁（2016）通过构建文化产业和旅游产业评价指标体系，对中国各省份文化产业和旅游产业融合发展耦合度进行测度；李拓夫和方丽婷（2024）以耦合协调度模型和探索性空间数据分析（ESDA）为主要研究方法，以我国文化与旅游产业融合发展为研究对象，探索我国文化产业和旅游产业融合发展的耦合协调度水平和空间相关性，研究发现我国文化与旅游产业虽然耦合协调度逐年升高，并在空间上呈现显著的正向集聚性，但两产业的总体发展水平偏低，东部、西部地区文化与旅游产业融合发展程度有较大的差距。

综上所述，学者们基于不同视角对文化和旅游产业融合度进行测评，定量分析区域内文旅产业融合度差异，有助于进一步探索区域内融合发展路径及创新策略，但现有研究大多从产业融合角度论述，缺乏对文化旅游资源的评价。

四　文旅产业融合发展空间相关分析

探究文化产业和旅游产业融合协调度的空间分布、空间依赖、空间特征和空间异质性，可探测变量间的空间关联性和集聚现象，研究方法主要有以下几种。其一，探索性空间数据分析方法。例如，翁钢民和李凌雁（2016）对我国 31 个省份文化旅游产业融合发展进行空间相关分析，发现我国文旅产业融合发展水平在空间上存在显著的正向集聚性，且空间集聚程度呈递增趋势；曲景慧（2016）通过我国文化产业与旅游产业融合发展的时空变动分析，发现我国产业融合水平逐渐提高，但仍处于融合初级阶段，产业融合影响因素空间表现不同，主导因子各异。其二，聚类方法（K-means 算法）。例如，许春晓和胡婷（2018）采用聚类方法对大湘西地区文化与旅游融合潜力进行空间相关分析，研究发现大湘西地区文化与旅游融合潜力表现为正三角的潜力等级格局。通过空间相关分析探测变量间的空间关联性和集聚现象，有助于进一步探究区域融合发展的优势与局限。其三，Bayesian 时空层次模型。例如，张新成等（2023）基于产业融合的自组织过程视角构建了文化和旅游产业融合质量评价指标体系，运用 Bayesian 时空层次模型探究了 2008～2019 年 31 个省份（不含港澳台地区）文化和旅游产业融合质量水平及时空演化规律。目前，ESDA 方法在空间相关分析中使用较多。

综上所述，"文旅融合"领域研究目前还处于学术探索和快速发展阶段。学术界关于"文旅融合"的研究大多从产业融合角度展开，忽略了文化资源在旅游发展过程中的基础性作用，虽然能反映出区域文化发展水平，但并不能深刻全面地反映出文化与旅游的内在联系；"文旅融合"评价指标和量化方法也有待于根据具体地区加以完善；缺乏针对既定地区旅游发展效益提升的具体"文旅融合"策略，理论对实践的指导性不足。在吉林省"文旅强省"的进程中，急需展开文化资源与旅游产业协调发展评价与优化。基于此，本书在第五章采用多学科交叉视角与方法，定量测评吉林省文化资源与旅游产业发展水平，探索分析区域内文化和旅游资源空间特征，为推动吉林省"文旅融合"发展研究与决策提供科学支持。

第二章　吉林省文化产业与旅游产业
发展现状分析

本章对吉林省文化产业与旅游产业发展现状进行分析，首先，对吉林省区域发展现状进行分析；其次，对吉林省文化产业发展现状进行介绍，包括文化资源概况、文化产业概况，以及文化相关产业概况；再次，对吉林省旅游产业发展现状进行介绍，包括旅游资源概况、旅游产业概况；最后，对吉林省文化旅游资源进行分析。

第一节　吉林省区域发展现状

吉林省位于中国东北地区中部，在地理位置上南靠辽宁省，西接内蒙古自治区，北临黑龙江省，东部与朝鲜和俄罗斯两国接壤，是一个边疆近海的省份。吉林省总面积约为 18.74 万平方公里，省内管辖长春 1 个副省级城市，吉林、辽源、松原、通化、白山、四平、白城 7 个地级市以及 1 个延边朝鲜族自治州。

吉林省各城市和自治州下辖县级行政区如表 2-1 所示。

表 2-1 吉林省各城市和自治州下辖县级行政区

区划	吉林省各城市和自治州下辖县级行政区			
	市辖区	县	县级市	自治县
长春市	南关、宽城、朝阳、绿园、二道、双阳、九台	农安	公主岭、榆树、德惠	
吉林市	昌邑、龙潭、船营、丰满	永吉	蛟河、桦甸、舒兰、磐石	
四平市	铁西、铁东	梨树	双辽	伊通
辽源市	龙山、西安	东丰、东辽		
通化市	东昌、二道江	通化、辉南、柳河	梅河口、集安	
白山市	浑江、江源	抚松、靖宇	临江	长白
松原市	宁江	长岭、乾安	扶余	前郭尔罗斯
白城市	洮北	镇赉、通榆	洮南、大安	
延边朝鲜族自治州		汪清、安图	延吉、图们、敦化、珲春、龙井、和龙	

资料来源：吉林省人民政府官网。

　　根据吉林省人民政府官网 2018 年发布的统计数据，吉林省各城市和自治州区域面积、人口数和 GDP 统计数据如表 2-2 所示。数据显示，吉林省区域内延边朝鲜族自治州土地面积最为广阔，但人口数不足吉林省省会长春市的 1/3；辽源市土地面积最小，人口数均小于省内其他城市（州）；省会长春市面积大小与吉林市、松原市、白城市相近，但长春市的人口数却超出吉林省的第二大城市吉林市 350 余万人，人口密度大，人口聚居性高于省内其他城市（州）。从 GDP 上来看，吉林省 GDP 最高的三个城市分别为长春市、吉林市和松原市，省会长春市的 GDP 居首位；GDP 最低的三个城市分别为白山市、白城市和辽源市，三个城市的 GDP 比较均衡。

表 2-2　2018 年吉林省各城市和自治州区域面积、人口数和 GDP 统计数据

区划	面积（平方公里）	人口数（万人）	GDP（亿元）
长春市	20593.5	779.3	6530
吉林市	27120	422.46	2302.8
四平市	14000	341	1230.32
辽源市	5140.45	121.8	772.11
通化市	15600	232.5	909.5
白山市	17505	127.1	705.33
松原市	22000	280	1639
白城市	25758.73	203.2	708.8
延边朝鲜族自治州	42700	217	927.58

资料来源：吉林省人民政府官网。

根据国家统计局公布的官方数据，2018 年吉林省总人口数量在全国排名第 25 位，总面积 18.74 万平方公里，在全国排名第 13 位。

第二节　吉林省文化产业发展现状

一　吉林省文化资源概况

文化资源的辨识主要侧重于赋予精神文化方面的内涵。文化资源是指区域内人们从事生产、生活过程中产生的文化因素，存在物质和非物质两种形式的文化单体（孙剑锋等，2019）。据吉林省文化和旅游厅数据统计，截至 2018 年吉林省拥有物质文化遗产 3000 多项，非物质文化遗产近 700 项。物质性的文化单体包括各类文物、文化人物、文化场馆等。2018 年吉林省主要文化场馆如表 2-3 所示。

表 2-3 2018 年吉林省主要文化场馆

单位：个

区划	博物馆	文化馆	美术馆	演出场馆	小计
长春市	14	16	2	5	37
吉林市	14	12	3	4	33
四平市	7	5	0	0	12
辽源市	6	4	1	0	11
通化市	8	8	1	2	19
白山市	14	11	0	2	27
松原市	7	7	0	0	14
白城市	6	6	1	2	15
延边朝鲜族自治州	8	9	1	3	21
总计	84	78	9	18	189

资料来源：根据吉林省文化和旅游厅官网公布数据整理。

截至 2018 年吉林省国家级重点文物保护单位共 76 个，其中汉、唐、金长城古建筑位于通化市、长春市、四平市三个城市，清-民国中东铁路扩展项目历史建筑位于松原市、长春市、四平市三个城市，因此本书在统计时分别计入所在城市中。吉林省国家级重点文物保护单位分布情况如表 2-4 所示。

截至 2018 年吉林省省级重点文物保护单位已进行了 7 次审批，共 373 个，本书将 1~7 批已审批通过的省级重点文物保护单位进行了统计。吉林省省级重点文物保护单位分布情况如表 2-4 所示。

表 2-4 2018 年吉林省国家级和省级重点文物保护单位分布情况

单位：个

区划	国家级重点文物保护单位	省级重点文物保护单位
长春市	10	59
吉林市	18	56
四平市	10	61
辽源市	1	20

区划	国家级重点文物保护单位	省级重点文物保护单位
通化市	14	38
白山市	6	25
松原市	6	19
白城市	4	43
延边朝鲜族自治州	11	52

资料来源：根据吉林省文化和旅游厅官网公布数据整理。

根据《中华人民共和国非物质文化遗产法》规定，非物质文化遗产是指各族人民世代相传并视为其文化遗产组成部分的各种传统文化表现形式，以及与传统文化表现形式相关的实物和场所。非物质文化遗产主要包括以下几种：①传统口头文学以及作为其载体的语言；②传统美术、书法、音乐、舞蹈、戏剧、曲艺和杂技；③传统技艺、医药和历法；④传统礼仪、节庆等民俗；⑤传统体育和游艺；⑥其他非物质文化遗产。

截至 2018 年我国对省级非物质文化遗产已进行 4 个批次的认定。吉林省国家级、省级非物质文化遗产分布情况如表 2-5 所示。其中部分省级非物质文化遗产由多市共同申报，例如长白山满族木屋建造技艺由通化市和白山市共同申报；放山习俗由抚松县、桦甸市和敦化市共同申报；满族旗袍传统工艺由吉林市和四平市吉林师范大学共同申报；杨麻子大饼制作技艺由长春市和白城市共同申报；等等。本书在统计时分别计入省级非物质文化遗产所申报的城市。

表 2-5　2018 年吉林省国家级、省级非物质文化遗产分布情况

单位：个

区划	国家级非物质文化遗产	省级非物质文化遗产
长春市	4	37
吉林市	3	53
四平市	1	10

区划	国家级非物质文化遗产	省级非物质文化遗产
辽源市	0	13
通化市	4	21
白山市	1	13
松原市	9	31
白城市	0	8
延边朝鲜族自治州	15	62

资料来源：根据中华人民共和国文化和旅游部、吉林省文化和旅游厅官网公布数据整理。

二 吉林省文化产业概况

（一）财政拨款概况

财政资金的投入是衡量政府对公共文化服务支持力度的重要指标。通过观察历年文化（文物）和旅游事业经费财政拨款可充分了解省域财政支出中公共文化服务投入的情况。如图 2-2 和表 2-6 所示，2001~2020 年，吉林省各级财政对文化（文物）和旅游事业经费投入稳步增加，从 2001 年的 2.09 亿元增加到 2020 年的 25.12 亿元，累计金额达到 246.12 亿元，年均增长率为 13.98%。2020 年，吉林省的文化（文物）和旅游事业经费为 25.12 亿元，占全省财政总支出 4127.17 亿元的比重为 0.61%。其中，文化和旅游事业经费占财政支出的比重为 0.50%，在全国排名第 15 位。人均文化和旅游事业经费为 86.37 元，全国排名第 12 位。

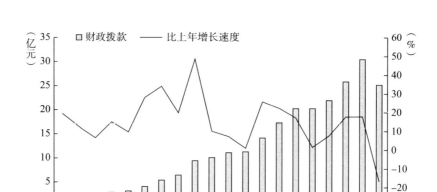

图 2-2　2001~2020 年吉林省文化（文物）和旅游事业经费财政拨款情况

资料来源：2002~2021 年《吉林统计年鉴》。

表 2-6　2011~2020 年吉林省文化（文物）和旅游事业经费

财政拨款情况

年份	文化（文物）和旅游事业 经费财政拨款（亿元）	文化（文物）和旅游事业 经费财政拨款比上年增长速度（%）
2011	11.16	6.99
2012	11.26	0.90
2013	14.16	25.75
2014	17.28	22.03
2015	20.18	16.80
2016	20.38	1.00
2017	21.95	7.70
2018	25.83	17.68
2019	30.39	17.65
2020	25.12	−17.34

资料来源：2012~2021 年《吉林统计年鉴》。

2010~2020 年，吉林省公共文化服务体系累计获得财政补助经费达到 98.81 亿元（不含基建拨款）。按照机构类型划分，公共图书馆获得 27.75 亿元，占财政补助总额的 28.08%；文化馆（含群艺馆）获得 29.24 亿元，占比 29.59%；文化站获得 13.70 亿元，占比 13.86%；博物馆获得 26.31 亿元，占比 26.63%；美术馆获得 1.81 亿元，占比 1.83%（见图 2-3）。这些财政补助资金的投入充分促进了吉林省公共文化事业的全面发展，为各类文化机构提供优越的运营条件的同时，进一步提升了人们对优质文化服务的享受。

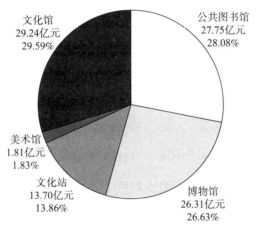

图 2-3　2010~2020 年吉林省公共文化服务体系财政补助经费

资料来源：2011~2021 年《吉林统计年鉴》。

（二）艺术表演团体概况

吉林省文化底蕴深厚，艺术创作实力较强，文化事业发展繁荣。2011~2020 年，吉林省文旅部门艺术表演团体基本情况如表 2-7 所示。近年来，吉林省文旅部门艺术表演团体机构数量、从业人员数量总体呈下降趋势，吉林省文旅部门艺术表演团体演出场次总体在减少，国内演出观众人次呈明显的下降趋势。2020 年，吉林省文旅部门艺术表演团体从业人员数量同比下降 7.06%，演出场次同比下降 29.98%，演出收入同比下降 31.97%，实际使用面积同比增长 2.80%。

表 2-7 2011~2020 年吉林省文旅部门艺术表演团体基本情况

年份	机构（个）	从业人员（人）	演出场次（场）	国内演出场次（场）	农村演出场次（场）	国内演出观众人次（万人次）	国外演出场次（场）	演出收入（万元）	实际使用面积（万平方米）	排练场（万平方米）
2011	67	4043	8955	8326	5467	893.60	629	4342	9.47	2.77
2012	41	2803	6591	5266	2980	588.02	1325	5588	8.88	2.48
2013	39	2700	4912	4845	3091	389.47	67	2983	9.32	2.42
2014	40	2540	4467	4218	2526	372.38	249	2860	9.48	2.60
2015	40	2510	4980	4720	2690	349.75	260	3074	9.84	2.26
2016	40	2245	5080	4750	2970	351.62	330	3719	9.32	2.20
2017	44	2416	5010	4510	2420	367.28	500	4337	10.15	2.68
2018	47	2671	4890	4740	2310	306.71	150	4460	10.76	2.39
2019	47	2676	4570	4500	2360	304.94	70	5555	10.37	2.28
2020	47	2487	3200	3100	1800	143.81	100	3779	10.66	2.23

资料来源：2012~2021 年《吉林统计年鉴》。

（三）公共文化设施概况

2020 年，吉林省共有 1146 个公共文化服务机构（见表 2-8），其中包括 66 个公共图书馆、79 个文化馆（含群艺馆）、623 个乡镇综合文化站、287 个街道文化站、78 个博物馆和 13 个美术馆。这些文化服务机构的实际使用房屋建筑面积为 1313882.8 平方米。根据人口统计数据，每万人拥有公共文化设施面积为 508.58 平方米。

表 2-8 2020 年吉林省每万人拥有公共文化设施面积

考评对象	合计		户籍人口数（万人）	每万人拥有公共文化设施面积（平方米）	备注
	机构数（个）	实际使用房屋建筑面积（平方米）			
长春市	236	401024.40	853.40	469.91	
吉林市	176	143473.40	404.71	354.51	
四平市	90	88916.00	213.06	417.32	
辽源市	63	85773.00	114.76	747.41	
通化市	97	107803.00	153.74	701.20	
白山市	91	74164.00	115.06	644.57	含省本级面积×0.8
松原市	118	97392.00	273.26	356.41	
白城市	118	98995.00	186.21	531.63	
延边朝鲜族自治州	125	183343.00	204.66	895.84	
长白山管委会	4	5820.00	6.35	916.54	
梅河口市	28	27179.00	58.23	466.75	
总计	1146	1313882.8	2583.44	508.58	

资料来源：《吉林统计年鉴 2021》。

如表 2-9 所示，2011~2020 年吉林省人均公共图书馆建筑面积呈逐年递增态势；图书出版总印数在 2011~2019 年总体呈先上升后下降趋势，2020 年有部分回升，达到 31094 万册；期刊出版总印数在 2011~2020 年总体呈下降趋势；电影观众人次呈波动状态。

表 2-9 2011~2020 年吉林省图书、期刊、电影等相关数据

年份	人均公共图书馆建筑面积（平方米）	图书出版总印数（万册）	期刊出版总印数（万册）	电影观众人次（千人次）
2011	0.004219	34380	32000	14420
2012	0.006799	40293	38000	14992

续表

年份	人均公共图书馆建筑面积（平方米）	图书出版总印数（万册）	期刊出版总印数（万册）	电影观众人次（千人次）
2013	0.007051	41306	38100	16570
2014	0.008974	25500	9490	17448
2015	0.009879	24792	8433	21016
2016	0.010172	23923	7731	22850
2017	0.010598	27652	7437	16940
2018	0.011593	27335	5019	27006
2019	0.012543	27255	3878	24391
2020	0.012878	31094	3711	13157

资料来源：2012~2021 年《吉林统计年鉴》。

（四）文物机构数量和从业人员概况

2011~2020 年，吉林省文物机构数量与从业人员情况如表 2-10、图 2-4 所示。2020 年，吉林省文物机构数量为 169 个，从业人员 2555 人，较去年增加 636 人。从单位性质来看，2020 年吉林省文物保护管理机构数量占总量的 30.77%，共有 52 个；博物馆占 63.31%，共有 107 个，其中文化部门博物馆 78 个；文物科研机构占 1.78%，共有 3 个；文物商店和其他文物机构占 4.14%，共有 7 个。以上数据反映了吉林省在文物领域的积极发展和保护工作的重要进展。

表 2-10 2011~2020 年吉林省文物机构数量与从业人员情况

年份	文物机构数量（个）	从业人员（人）	人均博物馆文物藏品数量（件）
2011	112	1505	0.008365
2012	121	1488	0.010544

续表

年份	文物机构数量 （个）	从业人员 （人）	人均博物馆文物藏 品数量（件）
2013	130	1565	0.013085
2014	140	1562	0.013443
2015	138	1457	0.015254
2016	140	1572	0.016099
2017	170	1933	0.023184
2018	170	1905	0.024956
2019	170	1919	0.026149
2020	169	2555	0.027090

资料来源：2012~2021 年《吉林统计年鉴》。

图 2-4　2011~2020 年吉林省文物机构数量与从业人员变化情况

资料来源：2012~2021 年《吉林统计年鉴》。

三　吉林省文化相关产业概况

（一）科技成果、奖项、专利等发展概况

2011~2020 年，吉林省的科技成果总数、国家级奖励项目数量、发明专利数量等发展概况如表 2-11 所示。2011~2020 年吉林省发明专利数量总体呈增长状态，科技成果总数和国家级奖励项目数量呈现不稳定状态。

表 2-11 2011~2020 年吉林省科技成果、奖项、专利等发展概况

年份	科技成果总数 （项）	国家级奖励项目数量 （项）	发明专利数量 （件）
2011	500	2	1005
2012	606	4	2779
2013	680	6	2985
2014	696	9	1884
2015	816	10	2649
2016	717	4	3395
2017	600	6	3518
2018	674	4	4612
2019	552	8	4853
2020	526	2	7109

资料来源：2012~2021 年《吉林统计年鉴》。

（二）文化教育娱乐消费支出概况

2011~2021 年，吉林省文化教育娱乐消费支出概况如表 2-12 所示，居民家庭人均文化教育娱乐消费支出由城镇居民家庭人均文化教育娱乐消费支出和农村居民家庭人均文化教育娱乐消费支出两部分组成。农村居民家庭人均文化教育娱乐消费支出低于城镇居民家庭人均文化教育娱乐消费支出。2011~2019 年城镇居民家庭人均文化教育娱乐消费支出和农村居民家庭人均文化教育娱乐消费支出均呈现稳步增长的态势，2020 年受新冠疫情影响，居民家庭人均文化教育娱乐消费支出出现下降，2021 年有所回升。

表 2-12 2011~2021 年吉林省文化教育娱乐消费支出概况

单位：元

年份	居民家庭人均文化教育娱乐消费支出	城镇居民家庭人均文化教育娱乐消费支出	农村居民家庭人均文化教育娱乐消费支出
2011	1925.14	1468.34	456.80

年份	居民家庭人均文化教育娱乐消费支出	城镇居民家庭人均文化教育娱乐消费支出	农村居民家庭人均文化教育娱乐消费支出
2012	2249.00	1642.70	606.30
2013	2626.44	1935.04	691.40
2014	3022.95	1980.76	1042.19
2015	3279.51	2161.81	1117.70
2016	3599.27	2367.54	1231.73
2017	3747.90	2445.36	1302.54
2018	4558.69	3147.66	1411.03
2019	4699.32	3147.66	1551.66
2020	3365.13	2187.69	1177.44
2021	4667.17	2969.47	1697.70

资料来源：2012~2022 年《吉林统计年鉴》。

第三节　吉林省旅游产业发展现状

一　吉林省旅游资源概况

吉林省属于温带大陆性季风气候，是四季分明的北国属地，气候上夏季短暂且温暖湿润，适宜避暑休闲娱乐；冬季温寒湿冷，冰雪期长，且冰雪资源丰富，是开展冰雪旅游的胜地。吉林省旅游资源比较丰富，拥有众多自然景观和历史遗迹，人文旅游资源丰富，文化底蕴深厚。

旅游景区是旅游活动不可或缺的载体。我国在 2000 年对全国的旅游景区进行了质量等级评定，共划分为五个等级，从高到低依次为 5A、4A、3A、2A、1A，其中 5A 级为旅游景区的最高级别。目前，A 级旅游景区已成为游客旅游目的地选择的重要参考，以及政府对旅游资源整合规划的重要对象。

根据吉林省文化和旅游厅官方网站公布的数据，吉林省共有国家 A 级旅游景区 231 个，其中 5A 级旅游景区 7 个、4A 级旅游景区 63 个、3A 级旅游景区 111 个、2A 级旅游景区 43 个、1A 级旅游景区 7 个。如表 2-13 所示，吉林省省会城市长春市拥有 5A 级旅游景区 4 个，其他分布在通化市、白山市、延边朝鲜族自治州，4A 级旅游景区主要分布在长春市、延边朝鲜族自治州、吉林市、通化市，其他城市数量较少。吉林省 5A 级旅游景区主要包括长春市的伪满皇宫博物院、净月潭国家森林公园、长影世纪城景区、世界雕塑公园景区，延边朝鲜族自治州的敦化市六鼎山文化旅游区，通化市的高句丽文物古迹旅游景区，以及白山市的长白山景区。

表 2-13　2020 年吉林省国家 A 级旅游景区分布情况

单位：个

区划	5A	4A	3A	2A	1A	小计
长春市	4	12	10	10	2	38
吉林市	0	10	7	9	1	27
四平市	0	5	4	1	0	10
辽源市	0	4	10	1	0	15
通化市	1	9	31	2	1	44
白山市	1	5	15	7	0	28
松原市	0	2	8	0	3	13
白城市	0	4	4	5	0	13
延边朝鲜族自治州	1	12	22	8	0	43
总计	7	63	111	43	7	231

资料来源：吉林省文化和旅游厅官网。

2011~2020 年，吉林省国家 A 级旅游景区数量、旅行社数量、星级饭店总数、重点文物保护单位数量统计如表 2-14 所示。其中，国家 A 级旅游景区数量从 2014 年开始大幅度增加，之后至 2020 年保持比较平稳；旅行社数量在 2011～2014 年逐年递增，2015 年达到 1032 个，之后基本趋于平稳，2019 年由于数据缺失，本书采用取平均值的方法进行估值；星级饭店作为旅游产业的支撑，在 2011～2015 年总体数量保持平稳，由于国家对星级饭店评价指标逐渐严格，2016 年开始数量总体在减少；重点文物保护单位数量相对比较稳定。

表 2-14 2011～2020 年吉林省旅游资源相关指标

单位：个

年份	国家 A 级旅游景区数量	旅行社数量	星级饭店总数	重点文物保护单位数量
2011	125	583	208	48
2012	133	602	228	48
2013	140	643	223	49
2014	268	845	218	52
2015	242	1032	215	52
2016	243	1036	193	52
2017	238	998	176	52
2018	242	1093	147	52
2019	242	1018	98	52
2020	231	943	105	52

资料来源：吉林省文化和旅游厅官网、2012～2021 年《吉林统计年鉴》。

省域土地面积、山地所占比重、丘陵所占比重、平原所占比重、森林面积、灌木林地面积、森林覆盖率、水资源总量等是旅游产业发展的基础资源，对旅游资源的开发和利用有重要的支撑作用。本书根据吉林省文化和旅游厅官网、2012～2021 年《吉林统计年鉴》的相关数据，对吉林省旅游基础资源进行整理，如表 2-15 所示。

表 2-15 2011~2020 年吉林省旅游基础资源相关指标

年份	土地面积（万平方公里）	山地所占比重（%）	丘陵所占比重（%）	平原所占比重（%）	森林面积（万公顷）	灌木林地面积（万公顷）	森林覆盖率（%）	水资源总量（亿立方米）
2011	18.7	36.0	5.8	30.0	828.1	0	43.7	315.9
2012	18.7	36.0	5.8	30.0	828.8	0	43.8	460.5
2013	18.7	36.0	5.8	30.0	827.0	18.2	43.9	607.4
2014	18.7	36.0	5.8	30.0	822.5	16.3	43.9	306.0
2015	18.7	36.0	5.8	30.0	822.1	16.4	43.9	331.3
2016	18.7	36.0	5.8	30.0	819.1	16.0	44.1	488.8
2017	18.7	36.0	5.8	30.0	823.0	15.6	44.4	394.4
2018	18.7	36.0	5.8	30.0	826.8	15.1	44.6	481.2
2019	18.7	36.0	5.8	30.0	829.8	15.3	44.8	506.1
2020	18.7	36.0	5.8	30.0	843.2	16.3	45.0	586.2

资料来源：吉林省文化和旅游厅官网、2012~2021 年《吉林统计年鉴》。

二 吉林省旅游产业概况

依据吉林省文化和旅游厅官网、《吉林统计年鉴 2019》的相关数据，吉林省旅游总人数、旅游总收入等指标较 10 年前均有大幅增长。2018 年吉林省各地旅游情况统计如表 2-16 所示。

表 2-16 2018 年吉林省各地旅游情况统计

区划	旅游总人数（万人次）	同比（%）	排序	占全省比重（%）	旅游总收入（亿元）	同比（%）	排序	占全省比重（%）
长春市	8988.45	14.83	1	40.57	1903.54	17.63	1	45.21

续表

区划	旅游总人数（万人次）	同比（%）	排序	占全省比重（%）	旅游总收入（亿元）	同比（%）	排序	占全省比重（%）
吉林市	5946.01	16.97	2	26.84	1004.06	25.33	2	23.84
四平市	472.56	13.84	8	2.13	76.59	21.12	8	1.82
辽源市	346.35	13.38	9	1.56	60.66	20.89	9	1.44
通化市	1470.39	19.20	4	6.64	251.14	29.16	4	5.96
白山市	1197.26	11.98	5	5.40	190.96	20.44	5	4.53
松原市	820.08	11.75	6	3.68	165.07	16.99	6	3.90
白城市	487.28	13.48	7	2.20	86.71	15.43	7	2.06
延边朝鲜族自治州	2428.02	13.25	3	10.98	472.13	16.58	3	11.23
全省	22156.39	15.15			4210.87	20.07		

资料来源：吉林省文化和旅游厅官网、《吉林统计年鉴 2019》。

　　依据吉林省文化和旅游厅官网、2012~2021 年《吉林统计年鉴》的相关数据，2011~2019 年吉林省旅游总人数、旅游总收入、国内旅游人数、国内旅游收入等指标均有大幅增长，2020 年受新冠疫情影响，各旅游相关指标数据有一定幅度的下降，如表 2-17 所示。

表 2-17　2011~2020 年旅游业主要发展指标

年份	旅游总人数（万人次）	旅游总人数同去年相比的增长率（%）	旅游总收入（亿元）	入境旅游人数（人次）	旅游外汇收入（万美元）	国内旅游人数（万人次）	国内旅游收入（亿元）
2011	7641.30	17.72	929.33	993204	38527.75	7541.98	904.29
2012	8972.55	17.42	1178.06	1182689	49477.07	8854.28	1146.89
2013	10369.28	15.57	1477.08	1273559	57052.70	10241.93	1441.64

续表

年份	旅游总人数（万人次）	旅游总人数同去年相比的增长率（%）	旅游总收入（亿元）	入境旅游人数（人次）	旅游外汇收入（万美元）	国内旅游人数（万人次）	国内旅游收入（亿元）
2014	12141.24	17.09	1846.79	1376852	67538.16	12003.55	1805.53
2015	14130.90	16.39	2315.17	1480994	72413.93	13982.80	2269.55
2016	16578.77	17.32	2897.37	1619530	79120.61	16416.82	2845.94
2017	19241.33	16.06	3507.04	1484309	76578.70	19092.90	3456.50
2018	22156.39	15.15	4210.87	1437543	68585.55	22012.64	4165.60
2019	24833.01	12.08	4920.38	1365800	61495.88	24696.43	4877.00
2020	15342.23	-38.22	2534.59	208300	9700.00	15321.40	2528.10

资料来源：吉林省文化和旅游厅官网、2012~2021年《吉林统计年鉴》。

旅游产业的发展与社会消费品零售总额、城镇居民社会消费品零售总额、农村居民社会消费品零售总额等居民消费相关指标有重要关联，因此本书将吉林省2011~2020年旅游产业相关指标进行整理，如表2-18所示。吉林省社会消费品零售总额、城镇居民社会消费品零售总额在2011~2019年逐年递增，2020年受新冠疫情影响，出现了小幅回落；农村居民社会消费品零售总额总体呈现增长态势，在2016年、2019年、2020年出现小幅回落。

表2-18 2011~2020年旅游产业相关指标

单位：万元

年份	社会消费品零售总额	城镇居民社会消费品零售总额	农村居民社会消费品零售总额
2011	24687672	22015045	2672627
2012	27823948	24694731	3129218
2013	30775485	27261316	3514169

年份	社会消费品零售总额	城镇居民社会消费品 零售总额	农村居民社会消费品 零售总额
2014	33540538	29703830	3836708
2015	35717304	31545630	4171674
2016	38128874	34186290	3942585
2017	39922790	35796282	4126508
2018	40737858	36186641	4551217
2019	42129273	37727893	4401380
2020	38239511	34257885	3981626

资料来源：吉林省文化和旅游厅官网、2012~2021年《吉林统计年鉴》。

第四节　吉林省文化旅游资源分析

吉林省自然风光瑰丽壮观，历史文化底蕴深厚，遗迹遗址神秘，民族民俗特色鲜明，边疆风情神秘秀丽，为其文化产业和旅游产业融合发展奠定了得天独厚的资源基础。吉林省文化旅游资源可分为九大类，包括自然生态文化旅游资源、冰雪文化旅游资源、城市文化旅游资源、红色文化旅游资源、民间艺术文化旅游资源、节庆会展文化旅游资源、宗教信仰文化旅游资源、遗迹遗址文化旅游资源、民族民俗文化旅游资源，众多文化旅游资源分布在吉林省各地市，种类众多，资源禀赋优良。

一　自然生态文化旅游资源

吉林省是全国生态示范省，生态环境优美，自然资源丰富，拥有森林、湿地、草原等自然资源，开展了湿地草原生态、农业生态、森林生态等生态旅游活动，并打造了生态观光和生态美食等文化旅游产品。

吉林省自然生态资源主要包括森林公园、自然保护区、湿地公园等。著名的森林公园主要有长春市净月潭国家森林公园、集安市五女峰、朝阳镇三角龙湾国家森林公园等。中国十大名山之一的长白山坐落于吉林省白山市，又称为"关东第一山"，东部的长白山自然保护区是世人瞩目的神奇之地。著名的自然保护区主要有向海国家级自然保护区和莫莫格国家级自然保护区，保护区内动物资源、植物资源和土地资源非常珍贵，其中向海国家级自然保护区被列入"世界重要湿地名录"。冬季，天下独秀、神奇造化的吉林市冰雪雾凇景观令海内外游客心驰神往，与长江三峡、云南石林和桂林山水并称为中国四大自然奇观。

二 冰雪文化旅游资源

吉林省地处中温带，冬季时间较长，雪量较大，雪质较好，积雪较厚，冰雪旅游资源十分丰富，在发展冰雪旅游方面具有得天独厚的优势。吉林省冰雪旅游发展始于20世纪90年代，已有几十年的发展历史，培育了冰雪节、雾凇岛、冬季温泉等特色冰雪旅游品牌项目。每到冬季，来自全国各地的游客畅游吉林省冰雪世界，品味吉林省冰雪人情文化，形成了东北文化旅游的独特风景。

吉林省著名的冰雪文化旅游资源主要有长白山自然保护、吉林雾凇、查干湖等，开展的冰雪文化旅游活动主要有滑雪、冬捕、冬季温泉等，吸引了众多游客前来体验。吉林省内众多的滑雪场，如长白山万达滑雪场、长白山国际天然滑雪公园、长春莲花山滑雪场、净月潭滑雪场等，为游客提供了丰富的冰雪游玩项目。查干湖冬捕目前已经被列为吉林省非物质文化遗产，作为从辽金时期流传下来的一种民俗，随着文化旅游的发展，不断传承发扬，成为极具民族特色的冬季旅游资源。长白山景区的地理环境和资源条件，不仅吸引了广大游客来长白山欣赏壮美的冬季雪景，同时还带动了温泉等养生项目的发展。

三　城市文化旅游资源

吉林省城市文化旅游资源丰富，历史悠久，文化底蕴深厚。吉林省因吉林市而得名，吉林市曾是吉林省的省会城市，1954 年吉林省政府从吉林市迁移到长春市，由此省会更改为长春市。长春市成为吉林省的政治、经济、文化中心，吉林市成为吉林省第二大城市。同时，长春市和吉林市也成为吉林省城市文化旅游资源最丰富的城市。

在省会长春市内，最为著名的城市文化旅游资源有伪满皇宫博物院、长影世纪城、长春电影制片厂、中国第一汽车集团有限公司、长春世界雕塑公园等，是长春市文化旅游发展的潜力元素，同时还有长春国际会展中心、长春重庆路商业街、东北民族博物馆、长春国际汽车公园等具有地域特色的城市文化旅游资源。随着长春市经济的快速发展，文明的快速进步，诸多现代元素糅进了古朴的关东文化，促进了都市产业文化蓬勃发展。

吉林省第二大城市吉林市是中国唯一省市同名的城市，又被称为"北国江城"，是吉林省重要的交通枢纽中心城市和新型工业基地。吉林市文化旅游资源丰富，从历史人文到自然美景应有尽有，是中国北方特色的旅游城市、国家历史文化名城，是首批国家新型城镇化综合试点地区，是满族的发源地之一、京剧第二故乡。吉林市内松花江缓缓穿过，沿江景观带风景怡人，有最大人工湖之一的松花湖、东北最大文庙，市内还遗留着很多的古建筑、宗教设施等文物。作为国家历史文化名城、中国优秀旅游城市，每年吉林市都会吸引大批游客前往。

四　红色文化旅游资源

近年来，吉林省高度重视红色资源的开发和利用，积极探索红色革命历史、红色文物保护等红色文化传承与旅游产业发展的对接点，秉承"宜融则融、能融尽融"原则，发展红色文化旅游，并逐步形成了具有吉林省特色红色文化的旅游景点景区体系，红色旅游景点主题鲜明、内容丰富。在全国"建党百年红色旅游百条精品线路"中，吉林省有23处红色资源入选，体现了吉林省红色旅游资源优势。2021年，吉林省文化和旅游厅发布了《活化红色资源、推动红色旅游高质量发展的实施方案》，进一步确定省内红色旅游发展的新格局，明确要将红色旅游打造成吉林省旅游版图的新突破点。

吉林省红色文化旅游资源以"抗美援朝·保家卫国""英雄吉林·精神永存""民族工业·科技之星""兴边富民·辽吉风光"四大项为主，其中"抗美援朝·保家卫国"以吉林省集安市鸭绿江国境铁路大桥为代表；"英雄吉林·精神永存"以通化市杨靖宇烈士陵园、长白山老黑河遗址、四平战役纪念馆、吉林市革命烈士陵园、四平市三道林子战斗遗址、长春市东北沦陷史陈列馆、四平市塔子山战斗遗址、四平市东北民主联军四平保卫战指挥部旧址等景点为代表；"民族工业·科技之星"以长春电影制片厂、长春空军航空大学航空馆、长春一汽红旗文化展馆、长春汽车经济技术开发区、长春市长光卫星技术基地为代表；"兴边富民·辽吉风光"以延边朝鲜族自治州和龙市东城镇光东村、通化市集安市太王镇钱湾村、延边朝鲜族自治州汪清县大兴沟镇红日村、延边朝鲜族自治州敦化市雁鸣湖镇小山村、延边朝鲜族自治州珲春市敬信镇防川村等为代表。

五 民间艺术文化旅游资源

吉林省民间艺术文化旅游资源丰富多彩，地方特色浓郁，文化积淀深厚。"东北二人转""东北大秧歌"是东北最著名的民间艺术。刘老根大舞台等民间表演场地在东北落户并不断扩充，为东北民间艺术提供了充分发展的平台。朝鲜族奚琴艺术、伽倻琴艺术、马头琴等具有民族特色的民间艺术也在逐渐兴起。另有吉剧、吉菜以及雕刻艺术等民间艺术文化旅游资源，成为非常吸引游客的东北民间艺术文化旅游佳作。

六　节庆会展文化旅游资源

节庆会展文化旅游是以节庆文化、自然景观等为基础开发的一种区域性旅游方式，以文化或旅游事件来吸引游客参与旅游活动。节庆会展文化旅游具有一定的季节性和地域性，又具有广泛的文化性和群众参与性等特点，能够为节庆旅游地带来一定的社会效益和经济效益。吉林省通过举办各种特色节庆会展活动，充分将东北地域文化精华凝聚其中。

吉林省每年举办多次节庆会展文化旅游活动，有体现冬雪风情的中国长春净月潭瓦萨国际滑雪节、长白山国际雪文化旅游节、吉林国际雾凇冰雪节，体现民族特色的松原市查干湖冬捕旅游节、吉林市朝鲜族民俗文化节、吉林省少数民族文化图文展，体现城市文化特色的中国长春电影节、长春国际汽车博览会等，体现民风民情的长春农博会等。吉林省通过举办丰富多彩的节庆会展活动，充分将地方文化精华融汇其中，宣传城市形象的同时，促进地方旅游经济发展。

七　宗教信仰文化旅游资源

吉林省是一个多宗教省份，居民宗教信仰伴随着历史的发展，从萨满教等原始宗教发展至今，现存佛教、基督教、天主教、道教以及伊斯兰教五种宗教。宗教信仰文化旅游资源分布在吉林省各地市。

吉林省著名宗教信仰文化旅游资源主要有：长春市般若寺、吉林市玄帝观、吉林市北武当玄帝观、柳河县三清宫、通化市龙潭宫、集安市紫微宫、双辽市崇圣宫、通化市云台观、公主岭市玄龙观、通化县九圣庙、抚松县太和宫、公主岭市玄玉宫、长岭县龙王庙、扶余市圆通观、松原市凌霄道场、吉林市朱雀石五龙宫、四平市清真寺、延边朝鲜族自治州延吉市清真寺等。丰富多彩的宗教信仰文化旅游资源促进了吉林省宗教信仰文化旅游经济的发展。

八　遗迹遗址文化旅游资源

吉林省历史悠久，自旧石器时代起至今，已有人类在此居住，并在历史长河中延续了15万年。在吉林省辽阔的土地上曾经生活过"安图人""榆树人"等远古人类，存在过东胡、肃慎、秽貊等古老民族，建立过扶余国、高句丽国、渤海国三个国家，记载了辽、金、元时期少数民族的英勇事迹，传承了明清时期汉族、满族、蒙古族的民族精神。数千年的历史文化积淀，以各种形式的遗产载体留给了后辈。

吉林省各地市拥有众多历史考古遗迹遗址文化旅游资源，包括记录青铜器时代文化的吉林市西团山文化、彰显高句丽文明的集安市洞沟古墓群、记载汉代扶余国历史的帽儿山古墓群、辽代黄龙府遗留至今的唯一古建筑农安黄龙古塔等。吉林省内拥有众多的古迹资源，其所具备的文化、历史、科学以及艺术价值吸引着世界各地的游客来此参观鉴赏。

九　民族民俗文化旅游资源

吉林省自古以来是少数民族聚居活动的地区，曾孕育着东胡、肃慎和秽貊三大族系。经过几千年的更替演化融合，于明代之前形成了以游牧为主的蒙古族、以狩猎为主的鄂温克族、以农耕为主的满族和朝鲜族、以渔猎为主的赫哲族等。这些民族繁衍生息在吉林省这片土地上，各自传承着千百年来形成的独特的民俗文化，包括居住、服饰、饮食、图腾、歌舞、建筑、音乐、节日等各方面的风俗习惯，为吉林省文化旅游产业发展提供了丰富的民族民俗文化旅游资源。

吉林省内现有 55 个少数民族，如满族、朝鲜族、回族、蒙古族和锡伯族等，拥有丰富多彩、民风各异的民族民俗文化。例如，图们朝鲜族的假面舞歌舞文化、延边朝鲜族自治州的朝鲜族文化、前郭尔罗斯蒙古族自治县的蒙古族文化、伊通满族自治县的满族文化等。著名的民族民俗文化旅游地主要包括九台区莽卡满族乡、长白县长白朝鲜族民俗村、图们市中国朝鲜族百年部落、安图县红旗朝鲜族民俗村、通化县关东民俗村、吉林市龙潭区阿拉底朝鲜族民俗村、松原市查干湖蒙古族民俗村等；主要民族民俗展馆有吉林市的满族博物馆、长春市的东北民族民俗博物馆等。

根据吉林省旅游资源普查结果，按照以上九大类对吉林省区域内较为著名的景点进行整理，如表 2-19 所示。

表 2-19 吉林省著名文化旅游资源分类

序号	文化旅游 资源种类	主要景点
1	自然生态文化 旅游资源	向海国家级自然保护区、莫莫格国家级自然保护区、露水河国家森林公园、龙湾群国家森林公园、吊水壶国家森林公园、净月潭国家森林公园、防川风景名胜区、红石国家森林公园、龙首山、官马溶洞、松花湖、查干湖、红叶谷、拉法山、朱雀山国家森林公园、双辽科尔沁草原、鸭绿江风景区、三仙夹国家森林公园、三角龙湾、长白山天池、长白山大峡谷、五道沟湿地公园、长白瀑布、神鹿峰、鸡冠山、大安嫩江湾国家湿地公园、神农庄园温泉度假村、龙潭山公园、虎脸瀑布、石头门水库、长白岛、庆岭瀑布、帽儿山

序号	文化旅游资源种类	主要景点
2	冰雪文化旅游资源	长白山国际天然滑雪公园、净月潭滑雪场、长春莲花山滑雪场、瓦萨越野滑雪基地、松花湖滑雪场、北大壶滑雪场、雾凇岛、朱雀山滑雪场、长白山万达滑雪场
3	城市文化旅游资源	伪满皇宫博物院、长影世纪城、长影旧址博物馆、中国第一汽车集团有限公司、长春世界雕塑公园、长春国际会展中心、长春国际汽车公园、长春重庆路商业街、长春市工人文化宫影剧院、长春这有山网红购物中心、长春桂林路商业街、长春红旗街商业街、莲花岛影视休闲文化园、吉林省东北虎园、吉林省博物院、长春中国光学科学技术馆、红旗街54路文旅专列、长春新区规划展览馆、长春空军航空大学航空馆、吉林省博物馆、丰满水电博物馆、抚松人参博物馆、延边博物馆、集安博物馆、梅河口市博物馆、白城市博物馆、大安机车博览园、前郭县郭尔罗斯博物馆、长春一汽红旗文化展馆、珲春口岸、图们口岸、长白口岸、临江口岸、集安口岸、吉林市水师营博物馆
4	红色文化旅游资源	伪满皇宫博物院、长春市东北沦陷史陈列馆、吉林市革命烈士陵园、吉林市劳工纪念馆（丰满万人坑）、四平战役纪念馆、四平市革命烈士陵园、杨靖宇烈士陵园、五七干校旧址、伊通烈士陵园、陈翰章将军陵园、四保临江战役纪念馆、杨靖宇将军殉国地、奶头山抗联密营、伪满司法部旧址、伪满兴农部旧址、伪满交通部旧址、伪满经济部旧址、东北抗联莲花岛红色教育基地、中共地下党二道沟邮局活动旧址、红石砬子抗日根据地、辉南抗联红色文化体验馆、石人血泪山、蒿子湖东北抗联营地、老黑沟惨案遗址、延边革命纪念馆、童长荣烈士陵园、马村抗日游击根据地、红日村史馆、日本侵略延边罪证馆、珲春大荒沟抗日根据地遗址、抗联一二军会师地、东北人民革命军第一军成立纪念地、抗美援朝烈士陵园、白鸡峰红色抗联文化园、三角龙湾爱国主义教育基地、长春空军航空大学航空馆、长春一汽红旗文化展馆
5	民间艺术文化旅游资源	中国松花石博物馆、东丰中国农民画馆、大泉源酒传统酿造技艺、长春世界雕塑公园、东北二人转、吉剧、民间艺术博览会、农安黄龙戏

序号	文化旅游资源种类	主要景点
6	节庆会展文化旅游资源	松原市查干湖冬捕旅游节、长白山国际雪文化旅游节、长春冰雪旅游节、长春农博会、长春国际汽车博览会、中国长春净月潭瓦萨国际滑雪节、中国长春电影节、中国长白山金秋红叶旅游节、吉林国际雾凇冰雪节、吉林省少数民族文化图文展、吉林市朝鲜族民俗文化节
7	宗教信仰文化旅游资源	长春市般若寺、长春基督教堂、长春市万寿寺、长春孔子文化园、吉林文庙、吉林市满族博物馆、吉林天主教堂、白城香海寺、敦化市正觉寺、延边朝鲜族自治州灵宝寺、吉林市玄帝观、吉林市北武当玄帝观、柳河县三清宫、通化市龙潭宫、集安市紫微宫、双辽市崇圣宫、通化市云台观、公主岭市玄龙观、扶余市圆通观、松原市凌霄道场、吉林市朱雀石五龙宫、四平市清真寺、延边朝鲜族自治州延吉市清真寺
8	遗迹遗址文化旅游资源	洞沟古墓群、丸都山城、罗通山古城、伪满皇宫博物院、阿什哈达摩崖石刻、泰州古城、叶赫那拉城、萨满文化馆、清满蒙文石碑、渤海古国德林石文化园、金代摩崖石刻、辉发古城遗址、旧八大部、偏脸城遗址、女真摩崖石刻、大成中学旧址、城子山山城遗址、辽金时代文化园、吉林明清船厂博物馆、机器局旧址
9	民族民俗文化旅游资源	白城蒙古族民族风情、长白山满族剪纸艺术、关东文化产业园、乌拉街、四平满族风情、查干湖渔猎文化博物馆、蒙古族婚俗、郭尔罗斯蒙古族民歌、中国朝鲜族第一村（红旗朝鲜族民俗村）、延边朝鲜族民园、长白原果园朝鲜族民俗村、枫雪部落

资料来源：根据吉林省文化和旅游厅官网公布数据整理。

　　吉林省文化旅游资源种类丰富，几乎涵盖全部人文旅游资源类型；文化旅游资源组合良好，人文旅游资源与自然旅游资源相互交融；资源文化内涵深厚，历史悠久，遗迹遗址古老神奇；民族文化多姿多彩、特色鲜明。综上，吉林省文化旅游产业融合发展前景广阔，存在很大的发展空间。

第三章　吉林省文化产业高质量发展
评价及优化策略研究

　　本章对吉林省文化产业高质量发展评价及优化策略展开研究。首先，对吉林省文化产业高质量发展进行 SWOT 分析，深入剖析吉林省文化产业高质量发展的内在优势、劣势、机遇、挑战；其次，通过构建吉林省文化产业高质量发展评价指标体系，定量测评吉林省文化产业高质量发展水平，对吉林省文化产业高质量发展进行整体评价，同时对吉林省文化产业资源、产业实力、产业发展、产业创新、产业开放五个子项目进行评价分析；最后，提出吉林省文化产业高质量发展优化策略。

第一节　吉林省文化产业高质量发展 SWOT 分析

　　针对吉林省文化产业发展现状，深入剖析文化产业高质量发展的内在优势、劣势、机遇、挑战，有助于客观地构建文化产业高质量发展评价指标体系。本书采用态势分析法（SWOT）展开系统分析，研究发现吉林省文化产业高质量发展的优势包括独具特色的文化资源、优越的地理位置、政府政策支持，劣势包括资源整合度低、产业链发展落后、市场需求不足、高质量人才缺乏，机遇包括旅游业发展迅速、技术发展驱动力强、文创产业崛起，挑战包括市场同质化竞争激烈、国际文化产业的威胁、民族文化传承面临困境、地域发展不平衡。吉林省文化产业高质量发展 SWOT 分析结果如表 3-1 所示。

表 3-1 吉林省文化产业高质量发展 SWOT 分析

优势（S）	机遇（O）
①独具特色的文化资源	①旅游业发展迅速
②优越的地理位置	②技术发展驱动力强
③政府政策支持	③文创产业崛起
劣势（W）	挑战（T）
①资源整合度低	①市场同质化竞争激烈
②产业链发展落后	②国际文化产业的威胁
③市场需求不足	③民族文化传承面临困境
④高质量人才缺乏	④地域发展不平衡

一 吉林省文化产业高质量发展的优势

（一）独具特色的文化资源

吉林省拥有深厚的历史文化底蕴和丰富的文化资源，是我国文化产业发展的重要区域。首先，吉林省蕴藏着丰富的历史文化遗产，并且自然生态文化、冰雪文化、城市文化、红色文化、民间艺术文化、节庆会展文化、宗教信仰文化、遗迹遗址文化、民族民俗文化资源丰富。例如，具有浓厚历史色彩的伪满皇宫博物院，位列中国四大文庙之一的吉林文庙博物馆，独具东北特色的地方传统民俗文化关云德剪纸、马氏布偶、王氏布贴画等。其次，吉林省属于地处边疆的多民族省份，是中国著名的满族文化重要传承地区和朝鲜族的主要聚居地，有着独具一格的少数民族文化。例如，满族的传统音乐、舞蹈戏曲和旗袍传统工艺，以及朝鲜族洞箫音乐、蒙古族马头琴曲等。这些独特的民族文化资源为吉林省的文化产业发展提供了宝贵的创作、表演和展示资源，为文化产业高质量发展奠定了良好的基础。

（二） 优越的地理位置

吉林省位于我国东北地区的中部，其地理位置独特，与俄罗斯、朝鲜等国家接壤，这一地理优势为吉林省与邻国开展人文交流与合作提供了得天独厚的条件，有利于进行国际文化交流，吸收和借鉴外来文化，进一步丰富自身的文化元素和创意。此外，吉林省地处中国东北亚核心地带，与我国东北地区的其他大城市，如沈阳、哈尔滨等距离较近，有利于区域间的合作和发展。吉林省优越的地理位置，为省内的文化旅游产业创造了丰富的资源，吸引了大量的文化和旅游爱好者，提升了文化旅游的知名度和吸引力。这不仅为吉林省的文化旅游产业带来了可观的收益，也为吉林省文化产业的高质量发展提供了驱动力。

（三） 政府政策支持

为进一步推进吉林省文化产业的蓬勃发展，吉林省政府及各相关部门致力于通过多项举措，打造高质量的文化产业发展新格局。其中，相关政策引导、加大资金投入以及增加项目扶持是推动吉林省文化产业高质量发展的三大引擎。近年来，吉林省政府及相关部门围绕文化产业发展的重点领域和关键环节，先后制定了《吉林省文化和旅游发展"十四五"规划》《吉林省文化和旅游厅关于有效应对疫情支持文旅企业发展的 13 条政策措施》等政策。政府的大力支持为吉林省文化产业高质量发展提供了坚实有力的政策支持和制度保障，同时也创造了稳定的发展环境和资源条件，使吉林省文化产业高质量发展具备了更好的基础。

二　吉林省文化产业高质量发展的劣势

（一） 资源整合度低

虽然吉林省拥有丰富独特的文化资源，但这些资源的整合和利用相对来说还不够充分和高效。首先，吉林省文化资源管理分散在不同的地区和部门之间，整体的发展缺乏统筹协调，从而导致资源整合的难度较大。文化资源整合需要各部门之间进行跨界合作，而吉林省各区域的文化机构和从业者尚未形成紧密的协作网络，往往各自为战，进而导致大量的文化资源未能得到充分整合和优化利用，跨部门之间的文化资源整合存在一定困难，限制了吉林省文化产业的发展规模和发展速度。其次，吉林省的文化资源开发和管理体系建设相对滞后，在资源整合方面缺乏科学的指导和规划，导致各类文化资源的开发和管理工作相互独立，造成资源利用的低效与不均衡。

（二）产业链发展落后

从现阶段的发展来看，吉林省文化产业发展相较于其他省域来说，起步较晚、起点较低，产业规模和综合实力还有一定差距，缺乏成熟的文化产业链和生态系统，其发展仍处于初级阶段。首先，在文化产业链的上游环节，吉林省在文化创意设计能力方面相对薄弱，缺乏创新精神，从而导致吉林省文化产品创新性的不足。其次，吉林省的文化产业链在下游环节的市场消费能力有限，消费者对于文化产品的需求相对较低，消费市场相对不成熟，进而制约了吉林省文化产业的发展和市场规模的拓展。

（三）市场需求不足

吉林省虽然拥有丰富的文化资源，但是受气候条件、基础设施、地方政策等多方面因素的影响，市场规模相对较小，市场需求不足。首先，对于本地居民而言，吉林省内大部分文化资源不具备明显的吸引力；对于外地文旅爱好者而言，吉林省处于我国东北地区，与中部、南部、西部省份的地理距离较远，并不是短期文旅爱好者的首选，因此导致吉林省文化市场消费力不足。其次，受地理位置的影响，吉林省冬季漫长且寒冷，除了冰雪文化活动，其他户外文化活动均会受到一定的限制，进而影响文化产业的活跃程度和市场容量。最后，相较于发达地区，吉林省的基础设施建设相对滞后，这不仅影响了文化产业的发展，也限制了消费者的文化消费需求和欲望。由此可见，文化产业的发展需要有稳定且具有一定消费能力的市场需求，吉林省文化产业市场需求不足这一劣势，在一定程度上制约了文化产业的规模扩张和高质量发展。

（四）高质量人才缺乏

文化产业的高质量发展离不开高质量的人才支撑，由于近年来文化产业正逐步向"年轻化"发展，要求从事文化产业的人才需要具有更高的创新能力和专业素养。然而，在吉林省的高等教育领域，文化产业的相关专业设置和人才培养体系尚存不足。一方面，吉林省文化产业发展缺乏具有实践经验的高质量人才；另一方面，近年来吉林省高层次人才流失严重，纷纷选择去北上广、京津冀等发达地区工作，这一现象加剧了吉林省文化产业高质量人才短缺的困境。同时，高质量人才引进也面临挑战，相较于一线城市和发达地区，吉林省在经济发展水平、城市基础设施、文化生活等方面仍有一定差距，这使得高质量人才引进存在一定的困难。

三 吉林省文化产业高质量发展的机遇

（一）旅游业发展迅速

旅游业是吉林省重要的支柱产业之一，在东北三省旅游业发展中占据着重要地位。根据新浪网公布的《东北三省 2023 年旅游收入数据》，2023 年，黑龙江省接待游客 2.1 亿人次，实现旅游收入 2215.3 亿元；辽宁省接待游客 5.1 亿人次，实现旅游收入 5022.6 亿元；吉林省接待游客 3.14 亿人次，实现旅游收入 5277 亿元。与邻省旅游业发展相比，吉林省旅游收入位居东北三省榜首。近年来随着东北三省"冰雪文化"的宣传，越来越多的外地游客选择来东北体验东北早市、观看冰灯以及滑雪等项目。特别是 2024 年哈尔滨文旅打响了东北旅游宣传的第一枪，这也给吉林省起到了良好的示范作用。此外，作为东北地区的重要交通枢纽，龙嘉国际机场连接了世界各地，为吉林省旅游业的发展提供了相对便利的交通条件，保障了吉林省旅游业的高质量发展。在旅游业快速发展的背景下，吉林省文化产业通过与旅游产业的深度融合，为游客提供丰富多样的文化体验，进而促进文化产业高质量发展。

（二）技术发展驱动力强

随着信息技术的发展和新媒体等多种平台的兴起，文化产业的相关信息能够以多途径、多角度的方式走进大众视野，这为吉林省文化产业带来了新的发展机遇，同时促进了文化产业在跨领域传播中的优化组合。例如，互联网、人工智能、大数据、新媒体等技术的不断创新与应用，为吉林省文化产业创新和发展提供了新的平台和渠道，使得文化产业能够紧密结合新技术进行转型升级。例如，旅游爱好者可以通过短视频平台的推送功能来了解吉林省的文化资源，或通过微信公众号、朋友圈的推送来进一步了解吉林省的民俗文化。新媒体的助力不仅提高了地域文化的传播效果，为广大民众带来便捷的文化体验，还促进了吉林省文化产业的高质量发展，加深了文化产业间的融合发展，激发了新的消费需求。

（三）文创产业崛起

近年来，随着经济结构的转型升级和人们生活水平的提高，文创产业也受到了广泛关注，文创产业的崛起为吉林省文化产业的高质量发展带来了机遇。吉林省拥有丰富多样的文化资源和民俗特色，这为文创产业的发展提供了丰富的原始素材和创作灵感。例如，惟妙惟肖的关云德剪纸、马氏布偶，以及长白山满族枕头顶刺绣等，都为吉林省文创产品的发展和创新奠定了基础。吉林省丰富的传统手工艺文化为文化产业的发展提供了良好的土壤，通过整合文化资源和传统技艺，可推动文创产业快速发展，创造出更多具有创新性和高附加值的文化产品。

四　吉林省文化产业高质量发展的挑战

（一）市场同质化竞争激烈

随着各省份文化产业的蓬勃发展，吉林省的文化产业也面临着激烈的市场竞争压力。首先，东北三省地理位置相近，气候类型均为温带大陆性气候，夏季短暂且温暖，冬季都具有丰富的冰雪资源。长期以来，由于地理位置和气候条件的一致性，东北三省经常被视为一个文化共同体，其文化形象具有较强的相似性，这种相似性在很大程度上加剧了东北三省文化产业竞争的态势。其次，东北三省在文化产业的建设上并没有突出各省份单独的特色优势，也没有实现优势互补，这种现象导致了东北三省现阶段文化产业的发展呈现同质化倾向，同质化竞争使得各省份在文化产业的发展中陷入恶性循环，因此对吉林省文化产业的发展会产生一定程度的影响。

（二）国际文化产业的威胁

相较于发达国家而言，我国文化产业的整体发展仍处于弱势地位。自 2001 年中国加入 WTO 后，全球经济一体化进程加快，发达国家凭借其已有的比较优势，进一步攫取发展中国家的文化资源为其所用，从而获取大量的经济附加值，并通过文化产品渗透其文化意识形态，对我国文化产业的发展产生了深远影响。在吉林省这一现象也较为明显，发达国家的文化产品在省内同样占据了较大的市场份额，这给吉林省本土文化产业的高质量发展带来了压力。此外，由于吉林省地处我国边界，与国外往来十分便利，省内充满外国文化气息，这也使得吉林省本土文化产业的发展受到了阻碍。

（三）民族文化传承面临困境

近年来，由于现代化的飞速发展以及人口流动等因素的影响，部分民族文化传承面临困境。首先，部分民族文化传承人口减少，年青一代选择离开家乡，开启快节奏的都市生活，这一趋势导致了很多传统的民族文化、民族手艺等渐渐失去传承人，再加上民族文化的传承多采用口口相传的方式，少有详细的文字记载，这使得传承面临着巨大的挑战。其次，民族文化参与性不强及现代因素的冲击，使年轻人继承和发扬本土民族文化的意识逐渐淡化，年青一代对传统的文化价值和生活方式缺乏兴趣，这使部分民族文化面临边缘化和消失的风险。此外，商业化进程给部分民族文化的传承也带来了挑战，许多民族文化为追求经济效益而被商品化或者表演化，这也导致了民族文化的变形和流失。

（四）地域发展不平衡

吉林省地域发展存在一定的不平衡性，部分地区的文化产业发展相对滞后。在吉林省中部地区，如长春市和吉林市拥有相对较好的经济基础和产业结构，因此经济发展和文化产业发展的水平都比较高，对于文化资源的开发利用程度也比较高，为文化产业的发展提供了有力支撑。但对于白城市、辽源市等经济发展相对滞后的地区，由于基础设施相对薄弱，这些地区文化资源的开发利用程度也较低。在这种背景下，文化资源市场分布的不均衡性进一步加剧了吉林省内文化产业发展的不平衡。

第二节 吉林省文化产业高质量发展评价指标体系构建

本书遵循指标体系建立的原则，构建吉林省文化产业高质量发展评价指标体系，并采用熵值法确定指标权重。

一 评价指标体系构建原则

目前建立评价指标体系的方法主要有主成分分析法、专家咨询法、理论分析法、频度统计法等（田红等，2020），综合考虑文化产业发展的复杂性和系统性，本书采用专家咨询法和熵值法建立指标体系。

首先，通过文献资料的收集和统计，选取了30篇关于文化资源、文化产业、文化旅游产业评价的代表性文献，并对其使用的评价指标进行频度统计，结合研究内容，选取代表性强、针对性强的评价指标，构建初步的评价指标体系。其次，将初步构建的评价指标体系提供给文化产业及相关产业研究领域的专家，通过专家咨询获取建设性指导意见，进一步修改完善评价指标体系。最后，根据指标体系建立原则，包括系统性和科学性的原则、可获取和可量化的原则、全面性和层次性的原则等（田红等，2020），最终确定本书文化产业高质量发展评价指标体系。

（一）系统性和科学性的原则

文化产业高质量发展涉及多个要素，在构建指标体系时要选取具有一定代表性的指标信息，避免指标过多、指标重叠，或指标过少、遗漏缺失指标信息，所构建的指标体系要具有系统性。同时，指标体系要具有科学性，选择恰当的相关指标数量统计方法，确保指标体系测评的结果能够对文化产业高质量发展具有科学的指导意义。

（二）可获取和可量化的原则

构建评价指标体系，选取具体评价指标，要确保评价指标的数据是可获取和可量化的，即通过统计年鉴或官方网站等能够获取的资料数据，或能够根据获取的资料数据进行数理统计分析和计算得到指标值；对于定性的指标可通过各种方法进行量化处理（田红等，2020）。

（三）全面性和层次性的原则

评价指标体系的构建，要能够全面包含文化产业高质量发展的诸多要素，具有一定的全面性，能够全面系统地对文化产业高质量发展进行评价；同时指标的设定要具有一定的层次性，从一级指标到二级指标，层层深入，形成科学的、合理的、有层次的评价系统。

二　评价指标体系的构建

（一）评价指标选取

吉林省文化产业高质量发展评价指标体系选取产业资源、产业实力、产业发展、产业创新、产业开放五项作为一级评价指标（见表3-2）。其中，产业资源由艺术表演团体机构数量、文物机构数量、人均博物馆文物藏品数量、图书出版总印数、期刊出版总印数、人均公共图书馆建筑面积六个二级指标构成；产业实力由文化（文物）和旅游事业经费财政拨款、文化（文物）和旅游事业经费财政拨款比上年增长速度、城镇居民家庭人均文化教育娱乐消费支出、农村居民家庭人均文化教育娱乐消费支出四个二级指标构成；产业发展由艺术表演团体从业人员数量、演出收入、艺术表演国内演出场次、艺术表演国内演出观众人次、电影观众人次、文物机构从业人员数量六个二级指标构成；产业创新由科技成果总数、国家级奖励项目数量、发明专利数量三个二级指标构成；产业开放由艺术表演国外演出场次、入境旅游人数、旅游外汇收入三个二级指标构成。

表3-2　吉林省文化产业高质量发展评价指标体系

总目标层	评价项目层	评价因子层	单位
吉林省文化产业高质量发展评价指标体系A	产业资源B1	艺术表演团体机构数量C1	个
		文物机构数量C2	个
		人均博物馆文物藏品数量C3	件
		图书出版总印数C4	万册
		期刊出版总印数C5	万册
		人均公共图书馆建筑面积C6	平方米

续表

总目标层	评价项目层	评价因子层	单位
吉林省文化产业高质量发展评价指标体系 A	产业实力 B2	文化（文物）和旅游事业经费财政拨款 C7	亿元
		文化（文物）和旅游事业经费财政拨款比上年增长速度 C8	%
		城镇居民家庭人均文化教育娱乐消费支出 C9	元
		农村居民家庭人均文化教育娱乐消费支出 C10	元
	产业发展 B3	艺术表演团体从业人员数量 C11	人
		演出收入 C12	万元
		艺术表演国内演出场次 C13	场
		艺术表演国内演出观众人次 C14	万人次
		电影观众人次 C15	千人次
		文物机构从业人员数量 C16	人
	产业创新 B4	科技成果总数 C17	项
		国家级奖励项目数量 C18	项
		发明专利数量 C19	件
	产业开放 B5	艺术表演国外演出场次 C20	场
		入境旅游人数 C21	人次
		旅游外汇收入 C22	万美元

（二）评价指标解释

产业资源、产业实力、产业发展、产业创新和产业开放代表了文化产业的多个重要方面，可以考量吉林省文化产业的综合实力和发展潜力，因此本书将其作为一级指标，并进一步对其二级指标进行界定。

产业资源的二级指标包含艺术表演团体机构数量、文物机构数量、人均博物馆文物藏品数量、图书出版总印数、期刊出版总印数、人均公共图书馆建筑面积六项。其中，艺术表演团体机构数量反映了一个国家或地区在艺术表演领域的资源情况，艺术表演是文化产业中重要的组成部分，团体机构数量的多少可以反映出该国家或地区在艺术表演领域的资源丰富程度；文物机构数量反映了一个国家或地区在文物保护和管理方面的资源投入和实力，文物是文化遗产的重要组成部分，文物机构数量的多少可以反映出该国家或地区对文物保护的重视程度；人均博物馆文物藏品数量反映了一个国家或地区在博物馆文物收藏方面的资源情况，博物馆是文化传承和展示的重要场所，人均藏品数可以反映出文物资源的丰富程度；图书出版总印数和期刊出版总印数反映了一个国家或地区在图书出版和期刊发行领域的资源投入和实力，图书和期刊是文化知识的重要载体，印数可以反映出文化产业在出版领域的规模和活力；人均公共图书馆建筑面积反映了一个国家或地区在公共图书馆建设方面的投入和服务水平，公共图书馆是文化教育服务的重要场所，人均建筑面积可以反映出公共文化资源的普及程度和服务质量。

产业实力的二级指标包含文化（文物）和旅游事业经费财政拨款、文化（文物）和旅游事业经费财政拨款比上年增长速度、城镇居民家庭人均文化教育娱乐消费支出、农村居民家庭人均文化教育娱乐消费支出四项。其中，文化（文物）和旅游事业经费财政拨款反映了政府对文化事业和旅游业的资源投入和支持程度，这些财政拨款可以用于文化设施建设、文物保护、旅游推广等方面，直接影响相关产业的发展；文化（文物）和旅游事业经费财政拨款比上年增长速度反映了政府对文化事业和旅游业增长态势的关注度，这个指标可以衡量政府对文化和旅游领域发展的重视程度，以及对产业发展的长期支持；城镇居民家庭人均文化教育娱乐消费支出反映了城镇居民在文化教育娱乐消费方面的支出水平，城镇居民的文化消费支出是文化产业发展的重要需求之一，人均支出水平可以反映出城镇居民对文化产品和服务的消费能力和兴趣；农村居民家庭人均文化教育娱乐消费支出反映了农村家庭在文化教育娱乐消费方面的支出水平，农村居民的文化消费支出也是文化产业发展的重要需求之一，人均支出水平可以反映出农村居民对文化产品和服务的消费能力和兴趣。以上指标可以评估一个国家或地区在文化和相关产业方面的实力和发展状况，为相关政策的制定和资源配置提供依据。这些指标可以反映出政府的支持力度、市场需求以及居民消费能力等关键因素，有助于推动文化和旅游产业的健康发展。

产业发展的二级指标包含艺术表演团体从业人员数量、演出收入、艺术表演国内演出场次、艺术表演国内演出观众人次、电影观众人次以及文物机构从业人员数量六项。其中，艺术表演团体从业人员数量反映了艺术表演领域的就业情况和人才储备，也间接反映了艺术表演产业的规模和活力，这个指标可以评估艺术表演行业的发展状况和对经济的贡献；演出收入是艺术表演产业的核心经济指标之一，直接反映了艺术表演市场的规模和盈利能力，通过监测演出收入的变化，可以评估艺术表演产业的商业活动和市场表现；艺术表演国内演出场次和艺术表演国内演出观众人次这两个指标可以综合反映艺术表演活动的数量和受众规模，间接反映了艺术表演市场的需求和影响力，艺术表演国内演出的场次和吸引的观众人次也是评估产业发展水平的重要指标；电影是文化产业中一个重要的组成部分，电影观众人次反映了电影市场的规模和受众群体，监测电影观众人次可以评估电影产业的发展趋势和受欢迎程度；文物机构从业人员数量反映了文物保护和管理领域的人力资源情况，直接关系到文物保护工作的开展和效果，这个指标可以用来评估文物保护产业的专业人才队伍建设情况和行业发展水平。

产业创新的二级指标包含科技成果总数、国家级奖励项目数量和发明专利数量三项。其中，科技成果总数是衡量一个国家或地区科技创新活动产出的一个重要指标，它反映了该国家或地区在科技研究和创新方面的产出水平，同时也可以间接反映科技创新的活跃程度和成果丰富度；国家级奖励项目数量是评价科技创新成就的重要指标之一，国家级奖励项目通常代表着该国家或地区在科技领域取得的重大突破和成就，反映了国家对科技创新的认可和支持，国家级奖励项目数量的增加可以显示出科技创新水平的提升；发明专利数量是衡量一个国家或地区科技创新能力和成果的关键指标，它反映了该国家或地区在技术创新和发明方面的活跃程度，也可以反映出创新人才的实力和科研机构的创新能力。这些指标可以帮助政府和企业监测科技创新的效果和趋势，指导科技政策的制定和资源的优化配置。通过对这些文化产业相关指标的监测和分析，可以促进科技创新活动的开展，推动文化产业结构的升级和经济的可持续发展。

产业开放的二级指标包含艺术表演国外演出场次、入境旅游人数和旅游外汇收入三项。其中，艺术表演国外演出场次是反映一个国家或地区文化艺术对外交流和输出情况的重要指标，这一指标可以体现国家或地区文化艺术产品在国际舞台上的影响力和知名度，也间接反映了国家或地区文化艺术产业的国际竞争力和市场开拓情况；入境旅游人数是反映一个国家或地区旅游业对外开放程度和吸引力的重要指标，该指标可以显示国家或地区旅游资源吸引外国游客的情况，也是评价旅游目的地国际竞争力和旅游产业发展水平的重要指标；旅游外汇收入是反映一个国家或地区旅游业对外贸易和外汇收入贡献的重要指标，其通过监测旅游外汇收入的变化，可以评估国家或地区旅游业对外贸的贡献和对经济增长的影响。艺术表演国外演出场次、入境旅游人数和旅游外汇收入可以全面反映文化艺术和旅游产业对外开放的水平和效果，也有助于推动该国家或地区文化艺术和旅游产品走向世界，促进文化和旅游经济的发展，对促进产业开放和国际交流具有积极作用。

三 数据来源与综合评价

(一) 评价指标数据来源及数值

为确保评价指标的严谨性和准确性,本书选取的 22 项指标数据均来源于中华人民共和国文化和旅游部、吉林省文化和旅游厅官网,以及《中国文化及相关产业统计年鉴》、《中国文化文物统计年鉴》、《吉林统计年鉴》等政府公开数据。由于写作时 2021 年、2022 年的部分数据尚未公布,因此本书选取的时间跨度为 2011~2020 年。其中,部分缺失数据均经过恰当处理,比如采用滑动平均法和平均增长率法。2011~2020 年吉林省文化产业高质量发展评价指标数值如表 3-3 所示。

(二) 文化产业高质量发展水平权重测度

本书采用熵值法确定指标权重。熵值是一种物理计量单位,在信息论中是对信息不确定的一种度量 (徐飞和李彬,2021)。当系统中包含的信息量越多,系统的不确定性越低时,熵值越小,数据混乱程度越低,权重越大;反之,当系统中包含的信息量越少,系统的不确定性越高时,熵值越大,数据的混乱程度越高,权重越低 (刘成昆和陈致远,2019)。熵值法是结合熵值提供的信息值来确定权重的一种研究方法。熵值法计算指标权重,可充分保证权重确定的科学性和客观性,有效减少主观误差 (赵书虹和陈婷婷,2020b)。

熵值法步骤参考乔家君 (2004)、徐飞和李彬 (2021) 的研究,具体如下。

1. 建立初始数据矩阵

设有 m 个评价指标,n 组数据,形成原始指标数据矩阵 X:

$$X = (X_{ij})_{n \times m} = \begin{pmatrix} X_{11} & X_{12} & \cdots & X_{1n} \\ X_{21} & X_{22} & \cdots & X_{2n} \\ \vdots & \vdots & & \vdots \\ X_{m1} & X_{m2} & \cdots & X_{mn} \end{pmatrix} \tag{3-1}$$

表 3-3　2011~2020 年吉林省文化产业高质量发展评价指标数值

指标	2011 年	2012 年	2013 年	2014 年	2015 年	2016 年	2017 年	2018 年	2019 年	2020 年
艺术表演团体机构数量（个）	67	41	39	40	40	40	44	47	47	47
文物机构数量（个）	112	121	130	140	138	140	170	170	170	169
人均博物馆文物藏品数量（件）	0.008365	0.010544	0.013085	0.013443	0.015254	0.016099	0.023184	0.024956	0.026149	0.027090
图书出版总印数（万册）	34380	40293	41306	25500	24792	23923	27652	27335	27255	31094
期刊出版总印数（万册）	32000	38000	38100	9490	8433	7731	7437	5019	3878	3711
人均公共图书馆建筑面积（平方米）	0.004219	0.006799	0.007051	0.008974	0.009879	0.010172	0.010598	0.011593	0.012543	0.012878
文化（文物）和旅游事业经费财政拨款（亿元）	11.16	11.26	14.16	17.28	20.18	20.38	21.95	25.83	30.39	25.12
文化（文物）和旅游事业经费财政拨款比上年增长速度（%）	6.99	0.90	25.75	22.03	16.80	1.00	7.70	17.68	17.65	-17.34

续表

指标	2011 年	2012 年	2013 年	2014 年	2015 年	2016 年	2017 年	2018 年	2019 年	2020 年
城镇居民家庭人均文化教育娱乐消费支出（元）	1468.34	1642.70	1935.04	1980.76	2161.81	2367.54	2445.36	3147.66	3147.66	2187.69
农村居民家庭人均文化教育娱乐消费支出（元）	456.80	606.30	691.40	1042.19	1117.70	1231.73	1302.54	1411.03	1551.66	1177.44
艺术表演团体业人员数量（人）	4043	2803	2700	2540	2510	2245	2416	2671	2676	2487
演出收入（万元）	4342	5588	2983	2860	3074	3719	4337	4460	5555	3779
艺术表演国内演出场次（场）	8326	5266	4845	4218	4720	4750	4510	4740	4500	3100
艺术表演国内演出观众人次（万人次）	893.60	588.02	389.47	372.38	349.75	351.62	367.28	306.71	304.94	143.81
电影观众人次（千人次）	14420	14992	16570	17448	21016	22850	16940	27006	24391	13157
文物机构从业人员数量（人）	1505	1488	1565	1562	1457	1572	1933	1905	1919	2555
科技成果总数（项）	500	606	680	696	816	717	600	674	552	526

续表

指标	2011年	2012年	2013年	2014年	2015年	2016年	2017年	2018年	2019年	2020年
国家级奖励项目数量（项）	2	4	6	9	10	4	6	4	8	2
发明专利数量（件）	1005	2779	2985	1884	2649	3395	3518	4612	4853	7109
艺术表演国外演出场次（场）	629	1325	67	249	260	330	500	150	70	100
入境旅游人数（人次）	993204	1182689	1273559	1376852	1480994	1619530	1484309	1437543	1365800	208300
旅游外汇收入（万美元）	38527.75	49477.07	57052.70	67538.16	72413.93	79120.61	76578.70	68585.55	61495.88	9700.00

其中，$i=1, 2, \cdots, n; j=1, 2, \cdots, m$。

2. 数据的无量纲化处理

在文化产业高质量发展的评价指标中，所使用指标数据度量单位不同，各指标之间无法直接相互比较，需要将指标数据进行无量纲化处理，实现标准化，即将评价指标数据转换为没有单位的相对量。

假设指标数据标准化后的值为 Y。

当 X_{ij} 为正向指标时，数据无量纲化处理的公式为：

$$Y_{ij} = \frac{X_{ij} - \min(X_i)}{\max(X_i) - \min(X_i)} \qquad (3-2)$$

当 X_{ij} 为负向指标时，数据无量纲化处理的公式为：

$$Y_{ij} = \frac{\max(X_i) - X_{ij}}{\max(X_i) - \min(X_i)} \qquad (3-3)$$

本书评价指标均为正向指标，完成指标数据标准化转换后，参考徐飞和李彬（2021）的方法，为了使所有的数据都有意义，对数据进行了非负化处理，在所得的标准化数据后加上 0.01。

2011~2020 年评价指标进行无量纲化处理后得到表 3-4。

表 3-4　2011~2020 年评价指标无量纲化处理结果

指标	2011 年	2012 年	2013 年	2014 年	2015 年	2016 年	2017 年	2018 年	2019 年	2020 年
C1	1.01	0.081429	0.01	0.045714	0.045714	0.045714	0.188571	0.295714	0.295714	0.295714
C2	0.01	0.165172	0.320345	0.492759	0.458276	0.492759	1.01	1.01	1.01	0.992759
C3	0.01	0.126346	0.262047	0.281172	0.377913	0.423044	0.801394	0.896061	0.959759	1.01
C4	0.611565	0.951725	1.01	0.100721	0.059991	0.01	0.22452	0.206284	0.201682	0.422529
C5	0.832618	1.007092	1.01	0.178048	0.147311	0.126898	0.118349	0.048035	0.014856	0.01
C6	0.01	0.30795	0.337082	0.559141	0.663649	0.697473	0.746716	0.861548	0.971347	1.01
C7	0.01	0.0152	0.166006	0.328253	0.479059	0.489459	0.571102	0.772871	1.01	0.735949

指标	2011 年	2012 年	2013 年	2014 年	2015 年	2016 年	2017 年	2018 年	2019 年	2020 年
C8	0.574632	0.4333	1.01	0.923669	0.802295	0.435621	0.591109	0.822718	0.822021	0.01
C9	0.01	0.113828	0.28791	0.315135	0.422947	0.545455	0.591795	1.01	1.01	0.438358
C10	0.01	0.146547	0.224274	0.544671	0.613639	0.717789	0.782464	0.881554	1.01	0.668203
C11	1.01	0.320345	0.263059	0.174071	0.157386	0.01	0.105106	0.24693	0.249711	0.144594
C12	0.553255	1.01	0.055088	0.01	0.088446	0.324883	0.551422	0.59651	0.997903	0.346877
C13	1.01	0.424466	0.343907	0.22393	0.319989	0.325729	0.279805	0.323816	0.277891	0.01
C14	1.01	0.602446	0.337638	0.314845	0.284664	0.287158	0.308043	0.227261	0.2249	0.01
C15	0.101198	0.142501	0.256444	0.319842	0.577478	0.709906	0.283161	1.01	0.821178	0.01
C16	0.053716	0.038233	0.108361	0.105628	0.01	0.114736	0.443515	0.418015	0.430765	1.01
C17	0.01	0.345443	0.57962	0.630253	1.01	0.696709	0.326456	0.560633	0.174557	0.092278
C18	0.01	0.26	0.51	0.885	1.01	0.26	0.51	0.26	0.76	0.01
C19	0.01	0.300629	0.334377	0.154004	0.279332	0.401547	0.421697	0.600924	0.640406	1.01
C20	0.456741	1.01	0.01	0.154674	0.163418	0.219062	0.354197	0.075978	0.012385	0.036232
C21	0.566184	0.700454	0.764844	0.838038	0.911833	1.01	0.914182	0.881044	0.830206	0.01
C22	0.425262	0.582986	0.692113	0.843155	0.913391	1.01	0.973384	0.858243	0.756117	0.01

3. 对无量纲化处理后数据的比重进行计算

对无量纲化处理后第 j 项指标在第 i 组数据的比重进行计算，具体公式如下：

$$p_{ij} = \frac{Y_{ij}}{\sum_{i=1}^{n} Y_{ij}} \qquad (3-4)$$

4. 求各指标的信息熵

具体公式如下：

$$e_j = -\ln(n)^{-1} \sum_{i=1}^{n} p_{ij} \ln p_{ij} \qquad (3-5)$$

5. 计算各指标的权重

信息效用的计算公式如下：

$$d_j = 1 - e_j \qquad (3-6)$$

指标权重的计算公式如下：

$$w_j = \frac{d_j}{\sum_{j=1}^{m} d_j} \qquad (3-7)$$

采用熵值法计算得到的各个指标的权重如表 3-5 所示。

表 3-5　2011~2020 年熵值法计算权重结果汇总

指标	信息熵 e	信息效用 d	权重 w
C1	0.9940	0.0060	0.0078
C2	0.9954	0.0046	0.0059
C3	0.9702	0.0298	0.0384
C4	0.9919	0.0081	0.0104
C5	0.8425	0.1575	0.2029
C6	0.9820	0.0180	0.0232
C7	0.9791	0.0209	0.0270
C8	0.9365	0.0635	0.0818
C9	0.9881	0.0119	0.0154
C10	0.9751	0.0249	0.0320
C11	0.9941	0.0059	0.0076
C12	0.9888	0.0112	0.0145
C13	0.9869	0.0131	0.0168
C14	0.9568	0.0432	0.0557
C15	0.9883	0.0117	0.0150
C16	0.9930	0.0070	0.0090
C17	0.9954	0.0046	0.0059
C18	0.9480	0.0520	0.0670
C19	0.9532	0.0468	0.0603
C20	0.8266	0.1734	0.2234
C21	0.9715	0.0285	0.0367
C22	0.9664	0.0336	0.0433

（三）文化产业高质量发展关联系数

通过熵值法计算出各指标的权重后，本书进一步采用灰色关联分析法，通过灰色关联系数对 2011～2020 年吉林省文化产业高质量发展进行综合评价。选取原始数据中正向指标的最优值和逆向指标的最劣值构造参考序列，求得各指标的关联系数，如表 3-6 所示。

表 3-6　2011～2020 年吉林省文化产业高质量发展评价指标关联系数

指标	2011 年	2012 年	2013 年	2014 年	2015 年	2016 年	2017 年	2018 年	2019 年	2020 年
C1	1.000	0.350	0.333	0.341	0.341	0.341	0.378	0.412	0.412	0.412
C2	0.333	0.372	0.420	0.492	0.475	0.492	1.000	1.000	1.000	0.967
C3	0.333	0.361	0.401	0.407	0.442	0.460	0.706	0.814	0.909	1.000
C4	0.557	0.896	1.000	0.355	0.345	0.333	0.389	0.384	0.382	0.460
C5	0.738	0.994	1.000	0.375	0.367	0.362	0.359	0.342	0.334	0.333
C6	0.333	0.416	0.426	0.526	0.591	0.615	0.655	0.771	0.928	1.000
C7	0.333	0.334	0.372	0.423	0.485	0.490	0.533	0.678	1.000	0.646
C8	0.535	0.464	1.000	0.853	0.707	0.465	0.544	0.728	0.727	0.333
C9	0.333	0.358	0.409	0.418	0.460	0.518	0.545	1.000	1.000	0.467
C10	0.333	0.367	0.389	0.518	0.558	0.631	0.687	0.796	1.000	0.594
C11	1.000	0.420	0.401	0.374	0.370	0.333	0.356	0.396	0.397	0.366
C12	0.523	1.000	0.344	0.333	0.352	0.422	0.522	0.547	0.976	0.430
C13	1.000	0.461	0.429	0.389	0.420	0.422	0.406	0.422	0.406	0.333
C14	1.000	0.551	0.426	0.418	0.408	0.409	0.416	0.390	0.389	0.333
C15	0.355	0.366	0.399	0.420	0.536	0.625	0.408	1.000	0.726	0.333
C16	0.343	0.340	0.357	0.356	0.333	0.358	0.469	0.458	0.463	1.000
C17	0.333	0.429	0.537	0.568	1.000	0.615	0.422	0.527	0.374	0.353
C18	0.333	0.400	0.500	0.800	1.000	0.400	0.500	0.400	0.667	0.333
C19	0.333	0.413	0.425	0.369	0.406	0.451	0.459	0.550	0.575	1.000
C20	0.475	1.000	0.333	0.369	0.371	0.387	0.433	0.349	0.334	0.339
C21	0.530	0.618	0.671	0.744	0.836	1.000	0.839	0.795	0.736	0.333
C22	0.461	0.539	0.611	0.750	0.838	1.000	0.932	0.767	0.663	0.333

（四） 文化产业高质量发展评价

由于文化产业高质量发展的等级划分目前尚未形成统一的标准，大多文献是参考已有研究成果和经验，并根据地区特点来设定评价等级。本书参考张新友（2019）的研究成果并结合相关专家建议和研究计算结果，根据均分原则将文化产业高质量发展得分划分为5个等级，如表3-7所示。划分评价等级能够明确不同时间段内文化产业所处的发展水平，提供具有针对性的参考。

表3-7 文化产业高质量发展评价等级

等级	区间	状态
1	0~0.2	文化产业高质量发展水平最低
2	0.2~0.4	文化产业高质量发展水平较低
3	0.4~0.6	文化产业高质量发展水平一般
4	0.6~0.8	文化产业高质量发展水平较高
5	0.8~1	文化产业高质量发展水平最高

基于熵值法获得的指标权重与灰色关联分析法获得的关联系数（r），根据式（3-8）可以得出吉林省文化产业高质量发展评价的综合得分和各指标得分（即发展指数）：

$$s_i = \sum_{j=1}^{m} w_j \cdot r_{ij} \qquad (3-8)$$

2011~2020年吉林省文化产业高质量发展评价的综合得分和各指标得分如表3-8所示。

表3-8 2011~2020年吉林省文化产业高质量发展评价的
综合得分和各指标得分

指标	2011年	2012年	2013年	2014年	2015年	2016年	2017年	2018年	2019年	2020年
C1	0.0078	0.00273	0.002597	0.00266	0.00266	0.00266	0.002948	0.003214	0.003214	0.003214
C2	0.001965	0.002195	0.002478	0.002903	0.002803	0.002903	0.0059	0.0059	0.0059	0.005705

指标	2011 年	2012 年	2013 年	2014 年	2015 年	2016 年	2017 年	2018 年	2019 年	2020 年
C3	0.012787	0.013862	0.015398	0.015629	0.016973	0.017664	0.02711	0.031258	0.034906	0.0384
C4	0.005793	0.009318	0.0104	0.003692	0.003588	0.003463	0.004046	0.003994	0.003973	0.004784
C5	0.14974	0.201683	0.2029	0.076088	0.074464	0.07345	0.072841	0.069392	0.067769	0.067566
C6	0.007726	0.009651	0.009883	0.012203	0.013711	0.014268	0.015196	0.017887	0.02153	0.0232
C7	0.008991	0.009018	0.010044	0.011421	0.013095	0.01323	0.014391	0.018306	0.027	0.017442
C8	0.043763	0.037955	0.0818	0.069775	0.057833	0.038037	0.044499	0.05955	0.059469	0.027239
C9	0.005128	0.005513	0.006299	0.006437	0.007084	0.007977	0.008393	0.0154	0.0154	0.007192
C10	0.010656	0.011744	0.012448	0.016576	0.017856	0.020192	0.021984	0.025472	0.032	0.019008
C11	0.0076	0.003192	0.003048	0.002842	0.002812	0.002531	0.002706	0.00301	0.003017	0.002782
C12	0.007584	0.0145	0.004988	0.004829	0.005104	0.006119	0.007569	0.007932	0.014152	0.006235
C13	0.0168	0.007745	0.007207	0.006535	0.007056	0.00709	0.006821	0.00709	0.006821	0.005594
C14	0.0557	0.030691	0.023728	0.023283	0.022726	0.022781	0.023171	0.021723	0.021667	0.018548
C15	0.005325	0.00549	0.005985	0.0063	0.00804	0.009375	0.00612	0.015	0.01089	0.004995
C16	0.003087	0.00306	0.003213	0.003204	0.002997	0.003222	0.004221	0.004122	0.004167	0.009
C17	0.001965	0.002531	0.003168	0.003351	0.0059	0.003629	0.00249	0.003109	0.002207	0.002083
C18	0.022311	0.0268	0.0335	0.0536	0.067	0.0268	0.0335	0.0268	0.044689	0.022311
C19	0.02008	0.024904	0.025628	0.022251	0.024482	0.027195	0.027678	0.033165	0.034673	0.0603
C20	0.106115	0.2234	0.074392	0.082435	0.082881	0.086456	0.096732	0.077967	0.074616	0.075733
C21	0.019451	0.022681	0.024626	0.027305	0.030681	0.0367	0.030791	0.029177	0.027011	0.012221
C22	0.019961	0.023339	0.026456	0.032475	0.036285	0.0433	0.040356	0.033211	0.028708	0.014419
综合得分	0.540327	0.692002	0.590187	0.485793	0.506031	0.469041	0.499463	0.512676	0.543776	0.44797
等级	一般	较高	一般	一般	一般	一般	一般	一般	一般	一般

第三节　吉林省文化产业高质量发展评价综合分析

一　吉林省文化产业高质量发展整体评价分析

根据表 3-8，可发现吉林省文化产业高质量发展综合得分在 0.4~0.7，处于中等水平，距离高质量发展目标尚有一定差距，存在着巨大的提升空间。根据吉林省文化产业高质量发展评价的综合得分情况（见图 3-1），2011~2020 年吉林省文化产业发展质量沿着"一般—较高——一般"的方向演变。2011~2012 年吉林省文化产业高质量发展指数呈现上升趋势，由一般水平进步至较高水平，发展良好；2012~2014 年，吉林省文化产业高质量发展指数从 0.69 降至 0.49，由较高水平跌至一般水平。在此期间，演出收入、艺术表演国内演出观众人次和艺术表演国内演出场次三项指标均呈现明显下降趋势。这种情况可能是由于经济形势不佳导致人们消费观念发生变化，减少了在艺术表演上的支出，进而影响了演出收入和观众数量。另外，随着文化市场的扩大，演出市场竞争加剧，政策调整也可能对文化产业造成影响。2015~2016 年，吉林省文化产业高质量发展指数从 0.51 下降至 0.47。2016~2019 年，吉林省文化产业高质量发展指数从 0.47 上升至 0.54，显示出该省文化产业在此期间得到了一定改善和发展，这可能是受到经济形势改善、市场营销策略改进、政策支持和艺术表演品质提升等多方面因素的影响。2019~2020 年，吉林省文化产业高质量发展指数从 0.54 下降至 0.45，这可能是受到整体经济形势恶化、消费水平下降以及政策调整等因素的影响，指数出现小幅回落。

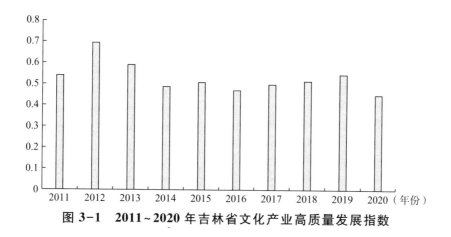

图 3-1　2011~2020 年吉林省文化产业高质量发展指数

二　吉林省文化产业高质量发展各子项目评价分析

为全面了解 2011~2020 年吉林省文化产业高质量发展的各方面变化趋势，本书根据表 3-8 中二级指标的得分绘制折线图，以便更加直观地描述吉林省文化产业高质量发展各子项目的演变情况，进一步探究吉林省文化产业在 2011~2020 年面临的挑战和机遇，并为未来的文化产业发展提供参考。

（一）吉林省文化产业资源评价分析

根据表 3-8 中吉林省文化产业高质量发展评价的文化资源指标得分情况可发现，2011~2020 年吉林省文化产业资源中的艺术表演团体机构数量、文物机构数量、人均博物馆文物藏品数量、图书出版总印数、人均公共图书馆建筑面积几个指标指数波动幅度相对较小，均在 0~0.05 范围内小幅波动，整体呈现稳定的发展态势，具体如图 3-2 所示。在产业资源中，期刊出版总印数指数变化幅度较大。期刊出版在文化产业中具有一定的重要性，其通常会受到读者需求和市场趋势的影响，当读者的兴趣和需求发生了一定的变化，则会导致一些期刊的发行量增加或减少。此外，政府对期刊出版行业进行了一些政策上的调整，例如鼓励某些类型的期刊发展或限制某些类型的期刊发行,这也可能会导致部分期刊印数的波动。

综上所述,艺术表演团体机构数量、文物机构数量、人均博物馆文物藏品数量、图书出版总印数、人均公共图书馆建筑面积、期刊出版总印数共同影响着吉林省文化产业资源的高质量发展态势。为了实现吉林省文化产业资源的高质量发展,政府和企业需要进一步了解文化产业市场需求和读者兴趣,加大资金、技术、人才等方面的投入,以推动吉林省文化产业高质量长期健康发展。

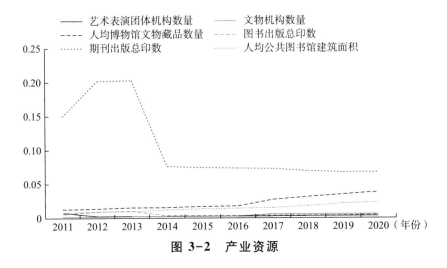

图 3-2 产业资源

(二) 吉林省文化产业实力评价分析

根据表 3-8 中吉林省文化产业高质量发展评价的产业实力指标得分情况可发现,吉林省文化(文物)和旅游事业经费财政拨款、文化(文物)和旅游事业经费财政拨款比上年增长速度、城镇居民家庭人均文化教育娱乐消费支出、农村居民家庭人均文化教育娱乐消费支出四个评价指标在 2011~2019 年总体呈现上升趋势,2020 年出现下降态势,如图 3-3 所示。

2011~2019 年,吉林省文化(文物)和旅游事业经费财政拨款、文化(文物)和旅游事业经费财政拨款比上年增长速度、城镇居民家庭人均文化教育娱乐消费支出、农村居民家庭人均文化教育娱乐消费支出四个评价指标总体上在增长，这可能是以下几个原因所致。其一，经济形势和财政状况会影响文化（文物）和旅游事业经费财政拨款的增长速度。当经济形势较好，财政收入增加时，政府可能会增加对这些领域的投入，导致财政拨款比上年增长速度加快；当经济形势不佳，财政收入减少时，政府可能会减少对这些领域的投入，导致财政拨款比上年增长速度减慢。其二，行业发展状况也可能影响财政拨款的增长速度。例如，在某些年份，文化（文物）和旅游事业可能出现了一些重大事件，导致政府在这些方面加大投入，从而导致财政拨款比上年增长速度加快。其三，城镇居民家庭人均文化教育娱乐消费支出、农村居民家庭人均文化教育娱乐消费支出的平稳增长，主要得益于近年经济发展水平的不断提高，促使居民能够提高文化教育娱乐消费支出水平。

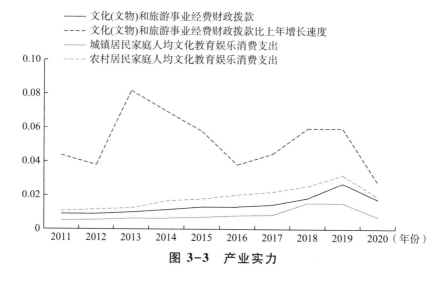

图 3-3　产业实力

2020 年，吉林省文化（文物）和旅游事业经费财政拨款、文化（文物）和旅游事业经费财政拨款比上年增长速度、城镇居民家庭人均文化教育娱乐消费支出、农村居民家庭人均文化教育娱乐消费支出四个评价指标均出现下降态势。这可能是由于 2020 年新冠疫情给文化产业和旅游产业带来了一定的冲击，导致财政拨款和家庭人均文化教育娱乐消费支出下降。

(三) 吉林省文化产业发展评价分析

根据表 3-8 中吉林省文化产业高质量发展评价的产业发展指标得分情况可发现，2011~2020 年艺术表演团体从业人员数量、演出收入、艺术表演国内演出场次、艺术表演国内演出观众人次、电影观众人次、文物机构从业人员数量六个指标存在一定的波动性，但总体呈现下降趋势，如图 3-4 所示。具体分析，吉林省文化产业发展水平的波动性下降和艺术表演国内演出观众人次下降的趋势可能与经济情况、文化市场竞争加剧以及新兴数字娱乐形式的冲击等因素有关。首先，经济发展中的一些不利因素，会导致居民对文化活动的支出减少，同时艺术表演的观众人次也随之减少。其次，文化市场竞争加剧也可能导致艺术表演国内演出观众人次出现下降的趋势。随着市场的开放和竞争的加剧，观众可能有更多的娱乐活动选择，文化娱乐形式的多样化也使得观众被逐渐分散，从而导致单一形式的演出观众人次下降。最后，新兴数字娱乐形式可能对传统的艺术表演产业产生冲击。随着互联网和移动通信技术的快速发展，人们可以通过网络和移动设备获取各种形式的娱乐，这可能也会导致传统艺术表演观众人次下降。

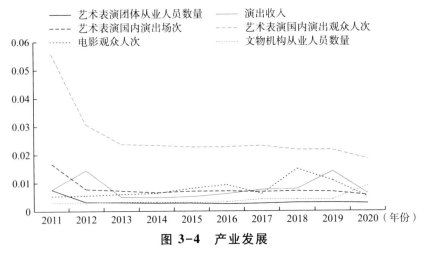

图 3-4　产业发展

（四）吉林省文化产业创新评价分析

根据表 3-8 中吉林省文化产业高质量发展评价的产业创新指标得分情况可发现，2011～2020 年，科技成果总数指数比较平稳，波动较小；发明专利数量指数总体上在增加，从 0.02 增至 0.06；国家级奖励项目数量指数的波动幅度较大（见图 3-5）。这一发展趋势的根本原因在于政府支持力度、技术进步和科学研究水平的提升，以及对创新成果的评价和奖励机制的完善。首先，政府对文化产业创新的支持力度逐渐增加，文化产业创新的政策支持和资金投入，推动了文化创业创新水平的提升。政府积极鼓励企业和个人进行创新研发，并提供相应的奖励和扶持措施，促使了发明专利数量的快速增长和科技成果总数的平稳保持。其次，技术进步和科学研究水平的提升是创新驱动的重要原因。近年来，科学技术的快速发展为吉林省的文化产业提供了更多的创新机会，同时技术进步激发了企业和个人的创新热情，推动了发明专利数量的增加和保持了科技成果总数的稳定。最后，吉林省近年来完善了对创新成果的评价和奖励机制，也驱动了发明专利数量的增加和保持了科技成果总数的稳定。但国家级奖励项目数量稀缺，获取难度较大，因此国家级奖励项目数量指数的波动较大。

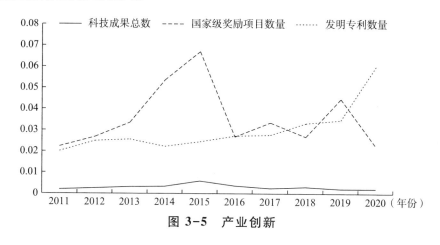

图 3-5 产业创新

（五）吉林省文化产业开放评价分析

根据表3-8中吉林省文化产业高质量发展评价的产业开放指标得分情况可发现，艺术表演国外演出场次2011～2013年有较大的波动，2013年之后逐渐趋于平稳；入境旅游人数与旅游外汇收入在2011～2016年呈现平缓的上升趋势，2016年之后呈现下降态势（见图3-6）。导致这种现象发生的原因主要有全球经济形势、市场竞争加剧、行业规范变化等。首先，全球经济形势和国际政治环境的不确定性可能会影响吉林省文化产业的开放水平。全球经济波动和国际政治紧张局势会导致国际文化交流和合作受到一定程度的影响，从而影响艺术表演国外演出场次、入境旅游人数与旅游外汇收入等指标。其次，市场竞争加剧和行业规范变化可能对文化产业开放水平造成影响。随着市场竞争的加剧和行业规范的调整，吉林省的文化产业可能面临着更大的挑战和压力，这会导致文化产业开放水平整体呈下降趋势。

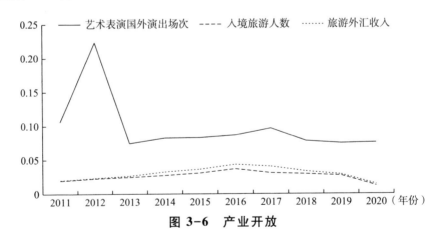

图 3-6　产业开放

第四节　吉林省文化产业高质量发展优化策略

文化产业作为我国战略性新兴产业及城市支柱产业之一，在城市发展中扮演着关键角色，其社会影响力和经济价值日益凸显。随着实施文化产业高质量发展十大行动的推进，吉林省文化产业呈现蓬勃发展态势，并取得了一定成效。为进一步推动吉林省文化产业高质量发展，本书综合评价结果，分别针对吉林省文化产业资源、产业实力、产业发展、产业创新、产业开放五个子项目提出优化策略。

一 吉林省文化产业资源优化策略

通过分析吉林省文化产业高质量发展指数可知，在产业资源层面，可通过优化资源配置、加强政策支持与引导、加快技术创新与数字化转型等策略，提高文化产业相关企业活力，打造文化产品品牌。在期刊出版业的发展中，可以通过优化资源配置来支持具有发展潜力和市场需求的期刊，提高其发行量和影响力。同时，对于一些发行量下降的期刊，政府可以引导其进行转型升级，拓展新的发展领域，以保障产业整体发展的平衡性和稳定性。此外，政府应当制定支持文化产业发展的政策，鼓励期刊出版业创新发展，并提供税收减免、财政补贴等支持措施，同时根据产业发展需求，制定相应的发展规划和加强政策引导，鼓励期刊出版业加强技术创新，推动数字化转型，开发在线期刊、电子书籍等数字化产品，以满足读者多样化的阅读需求，并提升期刊出版业的市场竞争力和盈利能力，促进期刊出版业健康稳定发展。

二 吉林省文化产业实力优化策略

通过分析吉林省文化产业高质量发展指数可知，在产业实力层面，可通过创新文化金融支持、多元化发展、提升文化教育普及度等策略，提高文化产业相关企业活力，打造文化产品品牌。在推动文化产业可持续发展方面，应当实施创新的文化金融支持政策，加大对文化产业的金融支持力度，鼓励金融机构创造文化产业专属金融产品，以满足文化企业的融资需求，从而促进文化产业链的良性循环。同时，应采取多元化发展策略，推动文化产业向多元化发展，促进文化与旅游产业的深度融合。例如，通过文化创意产业带动旅游业发展，打造独具特色的文化旅游产品和体验，以吸引更多游客。此外，提升文化教育的普及度也至关重要，可通过加大文化教育的推广力度，提高城乡居民的文化素养和消费水平，激发市场潜力，推动文化产业需求持续增长，为文化产业的繁荣做出贡献。

三　吉林省文化产业发展优化策略

通过分析吉林省文化产业高质量发展指数可知，在产业发展层面，可通过创新节目内容和形式、加强市场营销和宣传、促进跨界合作与交流等策略，提高文化产业相关企业活力，打造文化产品品牌。在当前文化产业发展的背景下，为了适应观众需求的不断变化，艺术表演团体和文化机构应当不断创新节目内容和形式，结合时事热点和时尚元素，以拓宽观众群体。同时，加强市场营销和宣传工作，提升文化产品在市场上的竞争力，并通过在吉林省乃至全国范围内的市场推广，增加演出的曝光度和知名度，从而吸引更多观众参与演出。此外，促进跨界合作与交流也是重要举措，应加强与其他领域的合作，如科技、时尚、体育等行业，在演出形式上进行创新，以提升观众的体验感，吸引新的观众群体参与。

四　吉林省文化产业创新优化策略

通过分析吉林省文化产业高质量发展指数可知，在产业创新层面，可通过促进技术与文化融合、完善创新评价与奖励机制、推动人才培养与交流等策略，提高文化产业相关企业活力，打造文化产品品牌。在促进文化产业可持续发展过程中，应当着力推动技术与文化的融合，鼓励技术企业与文化机构展开合作，以推动创新的技术与文化融合，开发新型文化产品和服务，提升文化产业的科技含量，从而不断拓展市场空间。同时，完善创新评价与奖励机制，改善创新成果的评价标准和奖励机制，建立公正透明的评选机制，以激励更多人积极投身于文化创新领域，促进创新活力和成果转化效率的提升。此外，还需推动人才培养与交流，加强文化创新人才的培养工作，鼓励人才跨界学习和交流，促进不同领域之间的合作与碰撞，培养更多具有创新意识和实践能力的文化人才，为文化产业的长期发展注入新的活力和动力。

五　吉林省文化产业开放优化策略

通过分析吉林省文化产业高质量发展指数可知，在产业开放层面，可通过多元化国际合作渠道、提升文化产品适应性、加强市场调研与风险规避能力等策略，提高文化产业相关企业活力，打造文化产品品牌。在吉林省文化产业的国际化发展过程中，首先，需要多元化国际合作渠道，鼓励与更多国家和地区展开文化交流与合作，以拓展合作伙伴和市场，降低对特定国际经济和政治因素的依赖程度。其次，需着力提升文化产品适应性，鼓励文化产业主体开发具有国际竞争力和满足不同市场需求的产品和服务，以适应全球经济波动和国际政治紧张局势给市场带来的变化。最后，应加强市场调研与风险规避能力，密切监测与分析全球经济和国际政治形势，及时调整国际合作策略，规避市场风险，积极寻找新的增长点和合作机会，以确保吉林省文化产业在国际化进程中能够保持稳健发展。

第五节　吉林省文化产业高质量发展综合策略

文化产业作为我国战略性新兴产业及城市支柱产业之一，其广泛的社会影响力和巨大的经济价值在城市发展中的关键地位日益凸显。随着 2022 年吉林省实施文化产业高质量发展十大行动的深入推进，吉林省文化产业呈现蓬勃发展的态势，诸多亮点相继显现，取得了部分成效。为进一步推动吉林省文化产业高质量发展，本书综合吉林省文化产业高质量发展评价结果，从宏观战略层面、中观策略层面、微观市场需求层面提出吉林省文化产业高质量发展优化策略。在宏观战略层面，主要涉及优化文化产业发展规划和标准、加强政策支持和引导以及推动相关产业融合发展，从而为吉林省文化产业高质量发展奠定坚实基础；在中观策略层面，从优化区域文化产业管理模式、提升区域文化产业高质量发展能力以及加强区域间的合作与交流几方面提出优化建议；在微观市场需求层面，主要从提升文化产业创新能力、加强品牌塑造和市场推广以及关注消费群体的需求几方面提出优化策略。

一 宏观战略层面文化产业高质量发展优化策略

在宏观战略层面，优化策略主要涉及优化文化产业发展规划和标准、加强政策支持和引导以及推动相关产业融合发展，从而为吉林省文化产业高质量发展奠定坚实基础。

（一）优化文化产业发展规划和标准

明确文化产业高质量发展目标和定位，制定长远的文化产业发展规划，是推动吉林省文化产业健康、可持续、高质量发展的重要前提，能够为吉林省文化产业高质量发展提供有力保障。首先，吉林省拥有深厚的历史文化底蕴和独特的地域文化特色，因此应充分发挥吉林省的文化资源优势，制定文化产业规划，明确文化产业发展的目标、定位和路径，突出吉林省文化产业发展的重点领域和核心竞争力，重点发展文化创意、影视制作、文化旅游、文化科技等产业，培育一批具有核心竞争力和地域特色的文化企业和品牌。其次，设立相关的准入管理和行业标准，加强对文化产业的监管，完善文化产业发展制度，加强对文化产业相关企业的资质审查和信用评级，促进文化产业的健康、有序发展。最后，吉林省还需要针对省内不同区域的文化产业发展特点，制定具有针对性的差异化政策，因地制宜、鼓励创新，创造良好的文化产业发展环境，进而提升文化产业发展能力。例如，吉林省东部地区可以依托长白山等自然资源，大力发展生态旅游和文化创意产业；南部地区靠近朝鲜，可以开展文化交流和边境旅游活动；西部地区农业资源比较丰富，可以推动特色农业与地域文化相融合。

（二）加强政策支持和引导

政策支持是文化产业高质量发展的基础，加强政策支持和引导可以创造有利于文化产业发展的法律和政策环境，营造良好的文化产业发展氛围，具体可涵盖税收政策、财政政策、知识产权保护、公共文化服务等多个领域。在税收政策方面，吉林省可以出台相应的税收优惠政策，减免文化产业相关企业的所得税、增值税、消费税等，以减轻企业负担，提升文化产业相关企业的盈利能力。在财政政策方面，可拓宽融资渠道，助力文化产业相关企业拥有多样化融资路径，如银行贷款、股权投资等，提高企业的资金筹措能力。同时，加大对文化产业相关企业的财务支持力度，鼓励企业增加研发投入，以推动技术创新和产品升级，或通过设立专项资金，提供财政资助和补贴，以促进文化产业的创新和发展。在知识产权保护方面，政府需构建完善的知识产权保护体系，保障文化产业相关企业的创意成果和知识产权，为创意产业的发展提供保障。在公共文化服务方面，政府可加大对公共文化服务设施和项目的投入，如博物馆、图书馆、文化中心的建设与运营，以提供更广泛、便捷的文化体验与服务。

（三） 推动相关产业融合发展

文化产业的高质量发展离不开与其他相关产业的融合发展，通过将文化产业与旅游、科技、农业等相关产业深度融合，可以创新业态模式，实现资源共享，提升吉林省文化产业的附加值和综合竞争力。在文化与旅游融合方面，吉林省可以开发文化旅游产品和项目，将丰富的历史、文化等元素融入其中。例如，开发以吉林省特色文化为主题的文化旅游线路、举办文化旅游节庆活动等，以推动吉林省文化产业与旅游产业的融合发展。在文化与科技融合方面，培育数字文化产业是重要的途径。例如，推动 AR、VR 等新技术在文化产业领域的应用，构建沉浸式的个性化文化体验，助力吉林省文化产业的数字化转型。在文化与农业融合方面，可以通过文化创意设计，来塑造具有地方特色的农产品品牌，进而推动吉林省特色农业与地域文化的融合。

二 中观策略层面文化产业高质量发展优化策略

在中观策略层面，可通过优化区域文化产业管理模式、提升区域文化产业高质量发展能力以及加强区域间的合作与交流等优化策略，推动吉林省区域文化产业高质量发展。

（一） 优化区域文化产业管理模式

优化区域文化产业管理模式有助于提高吉林省文化产业的整体竞争力，促进文化资源的有效配置，进而实现文化产业高质量发展。首先，吉林省可以通过设立综合性的文化产业管理平台，提供文化产业咨询、项目评估、政策解读等服务，以整合文化资源和提供一站式文化服务为目标，为吉林省各区域的文化产业相关企业提供全方位的支持和指导，帮助企业更好地把握文化产业的发展趋势。其次，进一步优化文化产业相关企业的管理机制，通过改革文化企业管理体制，简化办事流程，来降低企业运营成本，进而提高内部运营效率和资源利用率。再次，鼓励文化产业相关企业推动数字化建设和信息技术应用，以实现其管理手段的创新，进一步提高相关企业的管理水平和业务效能。最后，推动文化产业园区与企业、高校等建立密切的合作关系，共同参与产业发展规划与管理。在合作关系中，文化产业园区可以借助企业的市场力量，进一步提升园区的整体竞争力，企业也可以更好地了解园区发展方向，从而调整自身发展战略，实现与园区的共赢发展。文化产业与高校建立密切的合作关系，有助于文化产业园区培养高素质的人才，高校也可以借助园区的企业资源，提高教学质量和科研水平。三方共同参与文化产业发展规划与管理，将对文化产业的高质量发展起到积极的促进作用。

（二）提升区域文化产业高质量发展能力

人才是文化产业高质量发展的基石，高质量的人才能够推动文化产业的发展与创新，提升吉林省区域文化产业高质量发展能力。基于此，吉林省需要注重培养具有创新精神、专业技能和文化素养的文化产业创新人才，建立完善的人才培养机制，为文化产业的高质量发展提供源源不断的人才。在人才培养工作上，可以通过组织专业化培训和交流活动，与文化机构、高校等合作来提高文化产业从业人员的专业素质和管理能力。在人才引进工作上，通过优化文化产业人才发展环境，吸引更多优秀人才投身于吉林省文化产业建设。同时，吉林省政府部门和企业需要持续加强对文化创意人才的培养，通过开展创新创意大赛，鼓励公众、高校学生、科研人员等积极参与文化产业创新活动，激发全社会的创新活力与潜能。

（三）加强区域间的合作与交流

加强吉林省内各区域间的经验交流与合作，可以实现各区域间的资源优势互补，促进区域间的合作与共赢，进一步推动吉林省文化产业高质量发展。基于此，首先，吉林省应该积极探索各种合作模式，搭建交流平台，为各区域间的合作提供有力支持。例如，吉林省可以建立吉林省文化产业联盟，鼓励各区域分享自己的成功案例和发展模式，为其他区域提供借鉴和参考，推动各区域间相互合作、优势互补，以促进各区域间的合作与共赢，形成良好的产业合作氛围。其次，吉林省可以通过举办文化产业论坛、研讨会等活动，为各区域的文化产业相关企业提供互相学习、交流经验的机会，共同探讨文化产业未来的发展趋势。同时，要充分利用好社交网络平台、新媒体等现代通信手段，建立长期有效的沟通机制，促进区域间的合作与交流，进一步推动文化产业的发展。

三　微观市场需求层面文化产业高质量发展优化策略

在微观市场需求层面，可通过提升文化产业创新能力、加强品牌塑造和市场推广以及关注消费群体的需求等优化策略，提高文化产业相关企业活力，打造文化产品品牌，推动吉林省文化产业高质量发展。

（一）提升文化产业创新能力

创新作为文化产业核心竞争力的关键元素，有助于推动文化产业迈向更高质量的发展层次。首先，文化产业相关企业应加大创新研发投入，运用现代科技手段转型升级传统文化产业，推动技术革新和产品升级，创新文化产品和服务。其次，优化文化产品创新管理策略，构建高效的创新管理体系，鼓励企业积极开展创新研发，提升文化产品的技术含量和创意水平。最后，相关部门与企业应秉持开放合作的态度，加强与国外及国内其他省份的交流与合作，引入创新资源和技术支持，借鉴和吸收国内外先进经验，共同推动文化产品创新，提升吉林省文化产业的竞争力和创新力。

（二）加强品牌塑造和市场推广

加强品牌塑造和市场推广是打造文化产品品牌的核心环节。文化产业相关企业需要打造具有影响力的文化产品品牌，重视文化品牌的建立和培育。在注册商标和申请专利时，相关企业应当充分利用政策优势，加强知识产权保护，为文化品牌的打造提供坚实保障。在加强品牌塑造的过程中，注重品牌形象的设计和定位，以吉林省非物质文化遗产、民间艺术等优秀传统文化为依托，与文化产品品牌相结合，充分挖掘红色资源，打造红色文创产品品牌，使之具备文化特色和市场竞争力。同时，建立健全品牌文化体系，通过品牌文化的传播，提升文化产品品牌形象和知名度。在产品推广方面，吉林省应支持文化产业相关企业开展市场营销活动，不断拓展文化市场渠道。线下可以借助文化展览、传统节庆等时机，积极展示吉林省文化产品的特色和优势，树立独特、良好的品牌形象，通过参加国内外文化展会、举办文化产业论坛等，加强文化企业与国内外市场的对接，提升文化产品的市场占有率；线上可以通过注册官方账号，在微信公众号、抖音以及小红书等新媒体平台发布文化产品内容，从而提高产品曝光度与知名度。

（三）关注消费群体的需求

关注消费群体的需求是文化产业相关企业把握市场动态、推动文化产品创新和研发的关键。吉林省应鼓励文化产业相关企业积极开展市场调研，加强对文化产品消费者需求的分析和掌握，通过对文化产品消费者进行访谈、问卷调查等方式，深入了解消费者对文化产品的需求和偏好，或借助大数据分析技术，对消费者的文化产品购买行为和消费习惯进行深入研究，为文化产业相关企业提供精准的市场预测，帮助企业精准把握市场动向，为文化产品的创新提出有针对性的建议。目前，消费者对文化产品的偏好日益多样化，企业须紧跟市场步伐，在了解消费者的需求和偏好后，根据市场需求进行文化产品的创新，以满足消费者不断变化的需求。同时，企业应注重文化产品的创意和差异化，以独特的风格和内容吸引消费者。

第四章　吉林省旅游产业高质量发展
评价及优化策略研究

　　本章对吉林省旅游产业高质量发展评价及优化策略展开研究。首先，对吉林省旅游产业高质量发展进行 SWOT 分析，深入剖析吉林省旅游产业高质量发展的内在优势、劣势、机遇、挑战；其次，通过构建吉林省旅游产业高质量发展评价指标体系，定量测评吉林省旅游产业高质量发展水平，对吉林省旅游产业高质量发展进行整体评价，同时对吉林省旅游规模与增长、旅游收入与经济贡献、旅游资源与设施、旅游环境与生态保护、旅游及相关产业支撑五个子项目进行评价分析；最后，提出吉林省旅游产业高质量发展优化策略。

第一节　吉林省旅游产业高质量发展 SWOT 分析

　　针对吉林省旅游产业发展现状，深入剖析旅游产业高质量发展的内在优势、劣势、机遇、挑战，有助于客观地构建旅游产业高质量发展评价指标体系。本书采用态势分析法（SWOT）展开系统分析，研究发现吉林省旅游产业高质量发展的优势包括自然资源丰富多样、人文景观独具特色、历史文化底蕴深厚、交通网络比较完善，劣势包括基础设施不完善、旅游资源宣传力度不够、旅游产业结构单一，机遇包括数字经济的发展、政府政策扶持、旅游市场消费增加、网红经济的带动，挑战包括旅游资源同质化、自然生态环境保护力度亟待提升、旅游产业创新型人才不足。吉林省旅游产业高质量发展 SWOT 分析结果如表 4-1 所示。

表 4-1　吉林省旅游产业高质量发展 SWOT 分析

优势（S）	机遇（O）
①自然资源丰富多样	①数字经济的发展
②人文景观独具特色	②政府政策扶持
③历史文化底蕴深厚	③旅游市场消费增加
④交通网络比较完善	④网红经济的带动
劣势（W）	挑战（T）
①基础设施不完善	①旅游资源同质化
②旅游资源宣传力度不够	②自然生态环境保护力度亟待提升
③旅游产业结构单一	③旅游产业创新型人才不足

一　吉林省旅游产业高质量发展优势

（一）自然资源丰富多样

吉林省位于我国东北中部地带，属于温带大陆性季风气候，四季分明的气候特征赋予了吉林省丰富多样的自然景观，为旅游产业高质量发展奠定了良好的基础。吉林省拥有丰富的 5A 级自然景观资源，如风景优美的长白山、宁静神秘的净月潭国家森林公园、明媚秀丽的松花湖、秋景动人的红叶谷、独具风韵的吉林雾凇等，这些自然景观不仅具有较高的观赏价值，还为游客提供了多样化的旅游体验，吸引了众多国内外游客前来游览观光。据吉林省文化和旅游信息中心统计，仅 2024 年"五一"假期期间，吉林省 5A、4A 级旅游景区接待游客已达 561.89 万人次。此外，吉林省冬季降雪期长、雪量充沛，拥有雾凇奇观以及松花湖、北大壶、莲花山、鸣山等诸多天然滑雪场，夏季气候清爽宜人，被誉为"22℃的夏天"，净月潭国家森林公园、嫩江湾、松花湖、海兰湖等地也成为游客的消夏避暑胜地。适宜的气候条件和丰富多样的自然资源为吉林省旅游发展"冰雪+避暑"双产业模式奠定了坚实的基础。

（二）人文景观独具特色

吉林省拥有丰富的历史遗迹和博物馆资源，这些人文景观不仅承载着吉林省悠久的历史文化，更是吉林省发展旅游业的重要资源。首先，吉林省具有代表性的人文历史遗迹有伪满皇宫博物院、集安高句丽文物古迹、吉林文庙、叶赫那拉城等，这些人文历史遗迹不仅展示了吉林省古代建筑风格，也见证了吉林省文明的发展历程，展示了吉林省深厚的历史文化底蕴。其次，吉林省拥有抗美援朝烈士陵园、四平战役纪念馆、吉林市革命烈士陵园等见证吉林省革命历史发展的红色旅游资源，这些红色旅游资源吸引了大量游客前来缅怀革命先烈，了解中国革命的光辉历史。最后，吉林省还打造了长影世纪城、长春世界雕塑公园等现代化的文化景观，吸引了大量的艺术爱好者前来观赏和学习。这些人文景观不仅反映了吉林省乃至东北地区的历史变迁和文化发展，也为吉林省旅游产业高质量发展提供了良好的条件。

（三）历史文化底蕴深厚

吉林省是我国东北地区重要的文化发源地之一，其悠久的历史为省内旅游产业高质量发展积累了丰富的历史文化资源。作为多民族聚居地，吉林省汇聚了满族、朝鲜族、鄂温克族、蒙古族等少数民族，由于历史文明起源较早，各民族在长期的生活中形成了独具特色的文化艺术表现形式，萌生出诸如东北二人转、满族说部、朝鲜族洞箫音乐、农安黄龙戏、森林号子等传统艺术，以及那达慕、天贶节、花甲宴、回婚礼等民俗节庆活动。另外，各种非遗剪纸、贴画、刺绣、布偶艺术等也作为吸引游客的周边产品，为吉林省发展民俗体验旅游提供了丰富的素材。吉林省还拥有众多名人故居景点，例如王大珩故居、陈云旧居纪念馆等，这些景点不仅为游客提供了了解吉林省文化、历史和精神风采的窗口，也为打造吉林省特色的文化旅游产品奠定了物质基础。同样，伪满皇宫博物院、吉林抗日联军纪念馆等历史遗迹，也展示了吉林省独特的历史文化底蕴，促进了吉林省红色文化旅游产业的发展。吉林省凭借多元的民俗文化和历史遗迹资源，丰富了旅游产业的内涵，是吉林省旅游产业高质量发展的优势所在。

（四）　交通网络比较完善

吉林省地理位置优越，东与朝鲜、俄罗斯等国接壤，北靠黑龙江省，西接内蒙古自治区，南部又与辽宁省毗邻，独特的地理位置为吉林省旅游产业的发展带来了巨大优势。近年来，随着各国经济稳步增长和人均消费能力的提升，吉林省吸引了大量的入境旅游客源。吉林省旅游局发布的调查报告显示，2023 年吉林省接待入境游客 41.40 万人次，较上年增长 496.5%，这与吉林省交通网络的建设是离不开的。吉林省的旅游交通网络比较完善，拥有以长春为主，以四平、吉林、延吉、长白山为辅的航空通道，构建了多层次的航空运输体系。另外，京哈铁路干线作为全国主要铁路干线贯穿吉林南北，将吉林省与全国主要城市的交通连接到一起，形成了四通八达的铁路运输网络。吉林省高度重视旅游交通的发展与完善，在吉林省人民政府印发的《吉林省综合立体交通网规划纲要》中指出要建立铁路、公路、水运、航空全面发展的现代化高质量综合立体交通网，实现国际省际互联互通、全国主要城市立体畅达。在政策的支持下，吉林省不仅新建了北接黑龙江、西进内蒙古、南联辽宁、东出大海的大安嫩江大桥，还开通了多条直达长白山机场的航线，为吉林省旅游产业高质量发展打造了良好开端。

二 吉林省旅游产业高质量发展劣势

（一）基础设施不完善

近年来，随着吉林省旅游人次的持续增加，省内各地旅游基础设施尚不完善的问题逐渐显现出来，主要表现在以下三个方面。一是公共服务设施相对落后。以长春动植物公园为例，"五一"假期期间，园内公共洗手间数量紧张，女厕排起了长队，甚至出现搭建临时男厕的情况。为了应对旅游旺季时公共设施供应不足的问题，部分景区甚至选择对观光人数进行限流，这无疑会对吉林省旅游产业的发展产生消极影响。另外，一些著名旅游景点周边没有形成完善的餐饮及购物基础设施，例如净月潭国家森林公园作为长春旅游的必打卡点，园区内外没有大型的商业娱乐设施，仅在园区外有零散的几家个体餐饮，这对游客旅游的便利度和体验感产生一定的影响。二是住宿条件有限。吉林省的星级酒店数量较少且分布不均匀，四星级及以上的酒店大多分布在长春市，且部分经济型酒店存在设施陈旧、服务质量差等问题，这可能导致游客在住宿时面临选择受限、体验感差等问题，影响吉林省旅游产业的口碑。三是旅游景区间的通达性较差。各个景区之间的线路尚未实现互联互通，导致游客在两个景区间需要换乘多次公共交通，且景区内缺少共享单车等基础设施，会对游客的出行体验产生一定程度的影响。

（二）旅游资源宣传力度不够

吉林省在旅游产业宣传推广方面的投入力度相对较小，缺乏有针对性、大规模的宣传活动，具体表现为宣传力度小、宣传渠道窄、内容更新滞后及创新元素缺乏等问题，这些因素共同导致了大众对省内旅游资源的认知度较低。在宣传力度方面，尽管长春市和吉林市投入了大量经费打造属于自己的冰雪大世界、国际雾凇冰雪节和松花江河灯文化节等特色旅游活动，但由于宣传推广力度不够，活动的知名度并不高。相比之下，黑龙江省凭借新媒体大力宣传，成功将哈尔滨冰雪大世界推向公众视野，使哈尔滨成为 2024 年冬季旅游热点城市。在宣传渠道方面，Y 世代、Z 世代群体作为当前旅游市场的消费主流，他们更倾向于通过新媒体、社交媒体等渠道接收信息，但吉林省各旅游景区在短视频平台的更新频率、内容新颖度以及旅游网站的建设水平等方面尚处于初级阶段，与其他旅游强省相比仍有一定的差距，难以吸引更多省外游客的关注。在创新元素方面，吉林省对于特色旅游文化内涵的挖掘不足、文化创意的短缺使得旅游产业失去了有效的宣传手段和核心动力。目前，省内许多景区的购物场所并没有将景点特色文化元素融入其中，而仅售卖一些在网上批量采购的普通玩偶和挂件，不利于吉林省旅游产业的宣传与高质量发展。

（三）旅游产业结构单一

随着人民生活水平的提高，大众对旅游产业的市场需求逐步呈现个性化、多样化的特征。吉林省尽管拥有优越的自然资源和深厚的文化底蕴，但旅游产业的发展依然面临结构单一的问题，亟待加快转型升级和创新发展。首先是旅游产品供给单一。吉林省拥有丰富的森林、湖泊、湿地等自然旅游资源，但是对于这些景观的开发利用仍然停留在大众观光的层面，相比于国内旅游业发达地区来说，吉林省没有开发出自驾旅游、中医药健康旅游、体育旅游、研学旅游等新型旅游业态，难以满足游客对于个性化旅游体验的需求。其次是旅游资源的开发力度不够。吉林省拥有许多具有独特意义的红色旅游基地，是吸引游客的一大亮点，但吉林省并没有有效地将这些历史文化旅游景点与重点的旅游生态链联系在一起，导致省内红色旅游产业发展缓慢。此外，吉林省不仅是生态强省，还是重要的工业基地和农业大省，老工业基地和新农业观光旅游资源同样具有巨大的开发潜力，但目前吉林省对于这些资源的开发力度

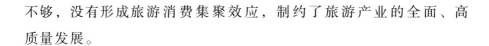

不够，没有形成旅游消费集聚效应，制约了旅游产业的全面、高质量发展。

三　吉林省旅游产业高质量发展机遇

（一）数字经济的发展

中国互联网络信息中心发布的第 53 次《中国互联网络发展状况统计报告》的数据显示，截至 2023 年 12 月，我国在线旅行预订用户规模已达到 5.09 亿人，占网民总体的 46.6%，全年的交易规模突破 8266 亿元。由此可见，随着互联网的发展与普及，越来越多的旅游消费者选择通过在线渠道进行旅游信息的查询和交易，这为吉林省旅游产业的发展带来了新的机遇。在宣传形式上，吉林省旅游产业的宣传方式由传统的传单、网站、旅行社等小范围推广逐步转向快手、抖音、微博、小红书等传播范围更广的新媒体平台，基于新媒体信息共享平台的传播也提升了旅游信息的传播效率，有效扩大了潜在顾客的转化率。在宣传策略上，吉林省利用大数据技术对用户的旅游偏好、行为模式进行分析，能够通过新媒体平台精准地将省内旅游景点的相关信息推送给旅游爱好者或有旅游意愿的潜在消费者，从而实现精准化推荐和营销。同时，数字经济的发展也带动了在线旅游 App 的优化更新，大众点评、美团、飞猪、携程等头部旅游电子商务平台不断优化自身功能，为用户提供集行程定制、智能导览、互动分享、在线预订、在线咨询等功能于一体的智慧化服务，为游客带来了智慧旅游新体验的同时，也助力了吉林省打造成智慧旅游大省。

（二）政府政策扶持

中国政府高度重视旅游产业的地位与作用，为实现旅游产业的高质量发展，陆续出台了《"十四五"旅游业发展规划》《文化和旅游部关于推动在线旅游市场高质量发展的意见》等文件，一系列法律法规和政策措施对旅游产业的发展方向和目标进行了规划，为旅游市场的培育提供了政策保障。吉林省政府充分响应国家号召，颁布了多项政策文件来鼓励全域旅游产业的发展。2021年，吉林省政府对《吉林省文化和旅游发展"十四五"规划》进行了深入解读，确立了到2025年吉林省的旅游产业全面提升的战略目标，并提出通过文化赋能旅游产业、冰雪经济突破创新等措施，实现吉林省旅游产业创新性突破。2023年，吉林省政府针对旅游产业及产品印发了《吉林省旅游万亿级产业攻坚行动方案（2023—2025年）》，提出了建设"冰雪丝路"来深化旅游产业的文化赋能，并开展城乡景区化改造行动，逐步实现城乡景区一体化。同时，吉林省政府计划通过体育赛事及研学活动等方式，为省内旅游产业引流。吉林省政府还提出每年至少举办一次"旅游产业发展大会"，将省级旅游产业发展专项资金增加到5亿元，以鼓励政府性融资担保公司为旅游企业提供融资担保，为旅游产业的发展提供了资金和政策的双重保障。

（三）旅游市场消费增加

根据国家统计局发布的数据信息，2023年全国居民人均可支配收入达39218元，相较于上年增长6.3%，这一趋势彰显了我国经济稳健的发展态势。在这一背景下，人们开始注重满足自身的娱乐需求。《中华人民共和国2023年国民经济和社会发展统计公报》显示，我国2023年国内出游人数高达48.9亿人次，同比增长93.3%；国内游客出游总花费达4.9万亿元，同比增长140.3%。这一系列数据显示出旅游市场正在加速回暖，表现出巨大的消费活力。此外，旅游观念的转变使得旅游市场多样化需求增加。收入水平的提升使得家长们更加注重孩子的教育投入，因此研学旅游作为一种集教育、休闲于一体的旅游方式，在近些年十分热门，这对于吉林省来说是推动自身旅游产业发展的大好契机。在老年人群体中，"老年游"也成为旅游业的热门项目。在旅游市场消费升级的大背景下，吉林省应充分利用自身的资源优势,推动旅游产业的高质量发展。

(四) 网红经济的带动

随着移动互联网技术的不断发展,移动社交媒体用户规模持续扩大,在抖音、快手、小红书等移动社交媒体平台上逐渐出现了"流量经济""网络种草""直播带货"等网红经济形式。新兴的网红经济模式不仅能够为旅游城市提供形象重塑的机遇,同时也为旅游景点提供"火出圈"的机会。2024年初,吉林省长春动植物公园在官方视频账号下发布了宣传视频,其中"雪饼猴"以其幽默风趣的风格成功吸引了一大批用户的关注和喜爱。许多游客看到"雪饼猴"的直播或视频后,在短视频平台线上购买景区门票前去"打卡"体验。据吉林省旅游局统计,2024年1~3月,长春动植物公园的网络旅游门票交易总额较去年同期增长近200%;"五一"假期期间,长春动植物公园接待游客、营业收入分别比去年同期增长104%、168%。网红视频的刺激效应也影响着社交媒体用户对于旅游城市的好感度,吉林省从最开始的"雪落长白"到现在的"雪饼猴",无一不彰显着网红经济对于旅游产业的带动作用。

四 吉林省旅游产业高质量发展挑战

(一) 旅游资源同质化

吉林省位于辽宁省、黑龙江省、内蒙古自治区中间,因其地理位置与气候条件的相似性,旅游资源面貌趋同,导致吉林省旅游产业面临同质化的挑战。一是冰雪旅游的同质化。黑吉辽三省由于特殊的地理位置,都具备丰富的冰雪资源,且冰雪旅游产品在内容、设计和服务上趋于同质化,但由于黑龙江省对于冰雪旅游的宣传力度更大,且吉林省没有开发出特征鲜明的旅游形象,吉林省的冰雪文化缺乏独特的体验价值,无法突出自身的特色与优势。二是草原资源的同质化。内蒙古自治区丰富的草原资源在一定程度上对吉林省的草原旅游产生了"形象遮蔽"效应，在这一现象的加持下，游客可能会优先选择更具竞争力的内蒙古自治区，进而影响吉林省草原旅游的可持续发展。三是度假旅游的同质化。吉林省在旅游产品的创新和差异化开发上存在不足，相比之下，辽宁省旅游产业起步较早，拥有完善的服务设施、优质的服务和成熟的旅游管理体系，特别是在海边度假旅游的开发方面，辽宁省涉足较早，发展水平也相对领先，这一优势加强了辽宁省在旅游市场上的竞争力，对吉林省旅游产业的发展构成了一定的威胁。在这三省的共同竞争压力下，吉林省旅游产业高质量发展面临着一定的冲击和挑战。

（二）自然生态环境保护力度亟待提升

吉林省旅游业发展为景区带来人员流动的同时，也造成了资源的巨大消耗，对自然生态环境造成了负面影响。吉林省拥有大量的森林、湿地、湖泊等自然资源，这些自然资源的过度开发和不合理利用都会破坏生态系统。与此同时，游客数量的增加也带来了较大的环境压力，水资源、湿地资源、空气资源等一系列的环境污染问题浮现出来。游客游览后会遗留大量的垃圾，这些垃圾若处理不及时或不恰当，将对生态环境的平衡造成不利影响。此外，游客的出行也加剧了交通的负担，导致二氧化碳的排放量增加，对自然生态环境构成了潜在威胁。吉林省内拥有各种历史遗迹和少数民族生活区，这些资源具有较高的价值，但同时也是不可逆的。针对文化旅游资源进行旅游开发虽然能够吸引大量游客，但也可能会对历史文化遗迹造成一定的破坏。对于一些少数民族生活区而言，过多的游客涌入可能会打乱当地居民的生活节奏，影响居民的正常生活。国家政策明确指出，旅游产业的发展应该坚持节约资源和保护环境的基本国策，因此如何在推动旅游产业发展的同时保护生态环境不受破坏，也是促进吉林省旅游产业高质量发展的重要挑战。

（三）旅游产业创新型人才不足

随着数字经济的发展，旅游产业与互联网的深度融合催生了"智慧"旅游业的新兴模式，新的旅游发展模式对高素养、强创新人才的需求也逐步扩大。在新媒体高速发展的时代背景下，旅游业的宣传推广工作更多依靠的是各类新媒体平台，由于同质化竞争激烈，旅游产业的相关宣传必须紧跟时事热点，并展现出创新性，才能有效吸引用户的关注，因此，培养和引进创新型旅游人才对于推动吉林省旅游产业高质量发展具有重要意义。然而近年来，吉林省的人才市场面临着引入难、流失严重的双重挑战。国家统计局数据显示，2023年吉林省高校毕业生外地就业率高达40%，这一比重意味着省内专业人才流失严重，在很大程度上阻碍了智慧旅游业的健康发展。再加上受前几年旅游业经济下滑的影响，越来越多的旅游专业学生在毕业后并没有选择从事旅游行业，这对于吉林省旅游产业的持续发展具有一定的负面影响。

第二节　吉林省旅游产业高质量发展评价指标体系构建

本书遵循指标体系建立的原则，构建吉林省旅游产业高质量发展评价指标体系，并采用熵值法确定指标权重。

一　评价指标体系构建原则

目前建立评价指标体系的方法主要有主成分分析法、专家咨询法、理论分析法、频度统计法等（田红等，2020），综合考虑旅游产业发展的复杂性和系统性，本书采用专家咨询法和熵值法建立指标体系。

首先，通过文献资料的收集和统计，选取了28篇关于旅游资源、旅游产业、文化旅游产业评价的代表性文献，并对其使用的评价指标进行频度统计，结合研究内容，选取代表性强、针对性强的评价指标，构建初步的评价指标体系。其次，将初步构建的评价指标体系提供给旅游产业及相关旅游研究领域的专家，通过专家咨询获取建设性指导意见，进一步修改完善评价指标体系。最后，根据指标体系建立原则，包括系统性和科学性的原则、可获取和可量化的原则、全面性和层次性的原则等（田红等，2020），最终确定本书旅游产业高质量发展评价指标体系。

（一）系统性和科学性的原则

旅游产业高质量发展涉及多个要素，在构建指标体系时要选取具有一定代表性的指标信息，避免指标过多、指标重叠，或指标过少、遗漏缺失指标信息，所构建的指标体系要具有系统性。同时，指标体系要具有科学性，选择恰当的相关指标数量统计方法，确保指标体系测评的结果能够对旅游产业高质量发展具有科学的指导意义。

（二）可获取和可量化的原则

构建评价指标体系，选取具体评价指标，要确保评价指标的数据是可获取和可量化的，即通过统计年鉴或官方网站等能够获取的资料数据，或能够根据获取的资料数据进行数理统计分析和计算得到指标值；对于定性的指标可通过各种方法进行量化处理（田红等，2020）。

（三）全面性和层次性的原则

评价指标体系的构建，要能够全面包含旅游产业高质量发展的诸多要素，具有一定的全面性，能够全面系统地对旅游产业高质量发展进行评价；同时指标的设定要具有一定的层次性，从一级指标到二级指标，层层深入，形成科学的、合理的、有层次的评价系统。

二　评价指标体系的构建

（一）评价指标选取

吉林省旅游产业高质量发展水平评价指标体系选取旅游规模与增长、旅游收入与经济贡献、旅游资源与设施、旅游环境与生态保护、旅游及相关产业支撑五项作为一级评价指标（见表4-2）。其中，旅游规模与增长由旅游总人数、入境旅游人数、国内旅游人数、旅游总人数同去年相比的增长率四个二级指标构成；旅游收入与经济贡献由旅游总收入、旅游外汇收入、国内旅游收入、社会消费品零售总额、城镇居民社会消费品零售总额、农村居民社会消费品零售总额六个二级指标构成；旅游资源与设施由国家A级旅游景区数量、旅行社数量、星级饭店总数、重点文物保护单位数量四个二级指标构成；旅游环境与生态保护由森林面积、灌木林地面积、森林覆盖率、水资源总量四个二级指标构成；旅游及相关产业支撑由文化（文物）和旅游事业经费财政拨款、文化（文物）和旅游事业经费财政拨款比上年增长速度两个二级指标构成。

表4-2　吉林省旅游产业高质量发展评价指标体系

总目标层	评价项目层	评价因子层	单位
吉林省旅游产业高质量发展评价指标体系A	旅游规模与增长B1	旅游总人数C1	万人次
		入境旅游人数C2	人次
		国内旅游人数C3	万人次
		旅游总人数同去年相比的增长率C4	%
	旅游收入与经济贡献B2	旅游总收入C5	亿元
		旅游外汇收入C6	万美元
		国内旅游收入C7	亿元
		社会消费品零售总额C8	万元
		城镇居民社会消费品零售总额C9	万元
		农村居民社会消费品零售总额C10	万元
	旅游资源与设施B3	国家A级旅游景区数量C11	个
		旅行社数量C12	个
		星级饭店总数C13	个
		重点文物保护单位数量C14	个

总目标层	评价项目层	评价因子层	单位
吉林省旅游产业高质量发展评价指标体系 A	旅游环境与生态保护 B4	森林面积 C15	万公顷
		灌木林地面积 C16	万公顷
		森林覆盖率 C17	%
		水资源总量 C18	亿立方米
	旅游及相关产业支撑 B5	文化（文物）和旅游事业经费财政拨款 C19	亿元
		文化（文物）和旅游事业经费财政拨款比上年增长速度 C20	%

（二）评价指标解释

旅游规模与增长、旅游收入与经济贡献、旅游资源与设施、旅游环境与生态保护、旅游及相关产业支撑代表了旅游产业的多个重要方面，可以考量吉林省旅游产业的综合实力和发展潜力，因此本书将其作为一级指标，并进一步对其二级指标进行界定。

旅游规模与增长的二级指标包含旅游总人数、入境旅游人数、国内旅游人数、旅游总人数同去年相比的增长率四项。其中，旅游总人数反映了整个旅游市场的规模和活跃程度，它包括国内旅游和出境旅游的人数，通过对比不同年份的旅游总人数，可以直观地了解旅游市场的整体增长趋势；入境旅游人数反映了本国或地区接待外国或地区游客的数量，是国际旅游市场的重要指标，通过比较入境旅游人数的增长率，可以评估本国或地区作为旅游目的地的吸引力和竞争力；国内旅游人数反映了国内居民旅游消费的情况，是国内旅游市场的重要指标，国内旅游人数的增长率可以反映出国内旅游市场的活跃程度和消费趋势；旅游总人数同去年相比的增长率可以更加具体地了解不同方面的增长情况，从而帮助分析旅游市场的发展态势，进而推动旅游产业的健康发展。

旅游收入与经济贡献的二级指标包含旅游总收入、旅游外汇收入、国内旅游收入、社会消费品零售总额、城镇居民社会消费品零售总额和农村居民社会消费品零售总额六项。其中，旅游总收入反映了整个旅游行业的总体经济规模，包括旅游消费、住宿、餐饮、交通等方面的支出，旅游总收入是评估旅游业经济贡献的重要指标，也是衡量旅游市场发展情况的关键数据；旅游外汇收入是指来自国外游客在本国旅游消费所带来的收入，它是国际旅游市场对国家外汇储备的重要贡献，也可以反映出国家作为旅游目的地的吸引力和竞争力；国内旅游收入是指国内居民在本国境内进行旅游活动所带来的消费支出，这一指标直接影响国内旅游业的经济贡献和就业情况；社会消费品零售总额，包括城镇居民和农村居民的社会消费品零售总额，这些指标均可反映出不同地区、不同人群的消费水平和消费趋势，也能够揭示并说明旅游业对社会消费的促进作用。

旅游资源与设施的二级指标包含国家 A 级旅游景区数量、旅行社数量、星级饭店总数和重点文物保护单位数量四项。其中，国家 A 级旅游景区是国家旅游资源开发利用的重要组成部分，其数量和质量直接关系到一个国家或地区的旅游吸引力和竞争力，通过比较不同年份国家 A 级旅游景区数量，可以评估旅游资源的开发状况和改善程度；旅行社是旅游服务业的重要组成部分，其数量多少和业务范围的拓展可以反映出旅游市场的活跃程度和服务水平，旅行社数量的增长也可以说明旅游市场需求的增加和旅游消费的蓬勃发展；星级饭店是旅游住宿服务的重要组成部分，其数量和质量直接关系到游客的住宿体验和旅游目的地的接待能力，星级饭店总数的增加可以反映出旅游设施建设水平的提升；重点文物保护单位是体现一个国家或地区历史文化底蕴的重要载体，其数量和保护情况可以体现出文化旅游资源的丰富程度和保护力度，重点文物保护单位数量的增加可以反映出文化旅游资源的增加和保护工作的成效。

旅游环境与生态保护的二级指标包含森林面积、灌木林地面积、森林覆盖率和水资源总量四项。其中，森林是地球上重要的生态系统之一，对于维护大气环境、土壤保护和生物多样性具有重要作用，森林面积的大小可以反映出一个地区的生态环境质量和自然景观的丰富程度；灌木林地是森林生态系统中的重要组成部分，对于生物多样性和土壤保护具有重要作用，灌木林地面积的变化可以反映出生态系统的稳定性和土地利用的情况；森林覆盖率是指森林所覆盖的地表面积在总面积中所占的比重，是评估一个地区森林资源丰富程度和生态环境质量的重要指标，也直接关系到旅游目的地的自然风光和生态旅游资源的质量；水资源是自然环境中的重要组成部分，对于生态系统的完整性和生物多样性的维护具有重要作用，水资源总量的变化可以反映出一个国家或地区水资源的丰富程度和可持续利用能力。

旅游及相关产业支撑的二级指标包含文化（文物）和旅游事业经费财政拨款、文化（文物）和旅游事业经费财政拨款比上年增长速度两项。其中，政府对文化（文物）和旅游事业的财政投入直接关系到相关产业的发展和保护情况，通过统计该项指标可以反映出政府对文化遗产保护、旅游业发展和相关产业支持的财政实力和政策倾向；文化（文物）和旅游事业经费财政拨款比上年增长速度这一指标可以反映出政府对文化（文物）和旅游事业支持力度的变化趋势，对于评估政府政策的连续性和扶持力度具有重要意义，如果这一指标增长较快，说明政府对文化（文物）和旅游事业的支持力度逐年增加，反之则减少。

三　数据来源与综合评价

（一）评价指标数据来源及数值

为确保评价指标的严谨性和准确性，本书选取的 20 项指标数据均来源于中华人民共和国文化和旅游部、吉林省文化和旅游厅官网，以及《吉林统计年鉴》等政府公开数据。由于写作时 2021 年、2022 年的部分数据尚未公布，因此本书选取的时间跨度为 2011~2020 年。其中，部分缺失数据均经过恰当处理，比如采用滑动平均法和平均增长率法。2011~2020 年吉林省旅游产业高质量发展评价指标数值如表 4-3 所示。

（二）旅游产业高质量发展水平权重测度

本书采用熵值法确定指标权重。熵值是一种物理计量单位，在信息论中是对信息不确定的一种度量（徐飞和李彬，2021）。当系统中包含的信息量越多，系统的不确定性越低时，熵值越小，数据混乱程度越低，权重越大；反之，当系统中包含的信息量越少，系统的不确定性越高时，熵值越大，数据的混乱程度越高，权重越低（刘成昆和陈致远，2019）。熵值法是结合熵值提供的信息值来确定权重的一种研究方法。熵值法计算指标权重，可充分保证权重确定的科学性和客观性，有效减少主观误差（赵书虹和陈婷婷，2020b）。

熵值法步骤参考乔家君（2004）、徐飞和李彬（2021）的研究，具体如下。

1. 建立初始数据矩阵

设有 m 个评价指标，n 组数据，形成原始指标数据矩阵 X：

$$X=(X_{ij})_{n\times m}=\begin{pmatrix} X_{11} & X_{12} & \cdots & X_{1n} \\ X_{21} & X_{22} & \cdots & X_{2n} \\ \vdots & \vdots & & \vdots \\ X_{m1} & X_{m2} & \cdots & X_{mn} \end{pmatrix} \qquad (4-1)$$

其中，$i=1,2,\cdots,n$；$j=1,2,\cdots,m$。

表4-3　2011~2020年吉林省旅游产业高质量发展评价指标数值

指标	2011年	2012年	2013年	2014年	2015年	2016年	2017年	2018年	2019年	2020年
旅游总人数（万人次）	7641.30	8972.55	10369.28	12141.24	14130.90	16578.77	19241.33	22156.39	24833.01	15342.23
入境旅游人数（人次）	993204	1182689	1273559	1376852	1480994	1619530	1484309	1437543	1365800	208300
国内旅游人数（万人次）	7541.98	8854.28	10241.93	12003.55	13982.80	16416.82	19092.90	22012.64	24696.43	15321.40
旅游总人数同去年相比的增长率（%）	17.72	17.42	15.57	17.09	16.39	17.32	16.06	15.15	12.08	-38.22
旅游总收入（亿元）	929.33	1178.06	1477.08	1846.79	2315.17	2897.37	3507.04	4210.87	4920.38	2534.59
旅游外汇收入（万美元）	38527.75	49477.07	57052.70	67538.16	72413.93	79120.61	76578.70	68585.55	61495.88	9700.00
国内旅游收入（亿元）	904.29	1146.89	1441.64	1805.53	2269.55	2845.94	3456.50	4165.60	4877.00	2528.10
社会消费品零售总额（万元）	24687672	27823948	30775485	33540538	35717304	38128874	39922790	40737858	42129273	38239511
城镇居民社会消费品零售总额（万元）	22015045	24694731	27261316	29703830	31545630	34186290	35796282	36186641	37727893	34257885
农村居民社会消费品零售总额（万元）	2672627	3129218	3514169	3836708	4171674	3942585	4126508	4551217	4401380	3981626
国家A级旅游景区数量（个）	125	133	140	268	242	243	238	242	242	231
旅行社数量（个）	583	602	643	845	1032	1036	998	1093	1018	943
星级饭店总数（个）	208	228	223	218	215	193	176	147	98	105
重点文物保护单位数量（个）	48	48	49	52	52	52	52	52	52	52

续表

指标	2011 年	2012 年	2013 年	2014 年	2015 年	2016 年	2017 年	2018 年	2019 年	2020 年
森林面积（万公顷）	828.1	828.8	827.0	822.5	822.1	819.1	823.0	826.8	829.8	843.2
灌木林地面积（万公顷）	0	0	18.2	16.3	16.4	16.0	15.6	15.1	15.3	16.3
森林覆盖率（%）	43.7	43.8	43.9	43.9	43.9	44.1	44.4	44.6	44.8	45.0
水资源总量（亿立方米）	315.9	460.5	607.4	306.0	331.3	488.8	394.4	481.2	506.1	586.2
文化（文物）和旅游事业经费财政拨款（亿元）	11.16	11.26	14.16	17.28	20.18	20.38	21.95	25.83	30.39	25.12
文化（文物）和旅游事业经费财政拨款比上年增长速度（%）	6.99	0.90	25.75	22.03	16.80	1.00	7.70	17.68	17.65	-17.34

2. 数据的无量纲化处理

在旅游产业高质量发展的评价指标中，所使用指标数据度量单位不同，各指标之间无法直接相互比较，需要将指标数据进行无量纲化处理，实现标准化，即将评价指标数据转换为没有单位的相对量。

假设指标数据标准化后的值为 Y。

当 X_{ij} 为正向指标时，数据无量纲化处理的公式为：

$$Y_{ij} = \frac{X_{ij} - \min(X_i)}{\max(X_i) - \min(X_i)} \qquad (4-2)$$

当 X_{ij} 为负向指标时，数据无量纲化处理的公式为：

$$Y_{ij} = \frac{\max(X_i) - X_{ij}}{\max(X_i) - \min(X_i)} \qquad (4-3)$$

本书评价指标均为正向指标，完成指标数据标准化转换后，参考徐飞和李彬（2021）的方法，为了使所有的数据都有意义，对数据进行了非负化处理，在所得的标准化数据后加上 0.01。

2011~2020 年评价指标进行无量纲化处理后得到表4-4。

3. 对无量纲化处理后数据的比重进行计算

对无量纲化处理后第 j 项指标在第 i 组数据的比重进行计算，具体公式如下：

$$p_{ij} = \frac{Y_{ij}}{\sum_{i=1}^{n} Y_{ij}} \qquad (4-4)$$

4. 求各指标的信息熵

具体公式如下：

$$e_j = -\ln(n)^{-1} \sum_{i=1}^{n} p_{ij} \ln p_{ij} \qquad (4-5)$$

表4-4 2011~2020年评价指标无量纲化处理结果

指标	2011年	2012年	2013年	2014年	2015年	2016年	2017年	2018年	2019年	2020年
C1	0.01	0.08743435578	0.168679968	0.271750576	0.387484264	0.529870915	0.684745561	0.854307518	1.01	0.457944387
C2	0.566184321	0.700453718	0.764844356	0.838037953	0.911833153	1.01	0.914182167	0.881043699	0.830206487	0.01
C3	0.01	0.086499101	0.167390648	0.270082369	0.385460595	0.527349143	0.683348315	0.853551382	1.01	0.463492825
C4	1.01	0.934562031	0.971565964	0.998737934	0.986224526	1.002849482	0.980325349	0.964057919	0.90917769	0.01
C5	0.01	0.072321945	0.147244585	0.239879355	0.357236943	0.503113341	0.65587264	0.832224728	1.01	0.412214956
C6	0.425262125	0.582986466	0.6921112992	0.843155456	0.91339065	1.01	0.973383929	0.858243051	0.756116751	0.01
C7	0.01	0.071066627	0.145260313	0.236857737	0.353659618	0.498746976	0.652435516	0.830928283	1.01	0.418741136
C8	0.01	0.189815832	0.359039804	0.517571868	0.642374975	0.780640379	0.883493093	0.930224353	1.01	0.78698366
C9	0.01	0.180541076	0.343884156	0.499331088	0.616547266	0.784604642	0.887068053	0.911911353	1.01	0.789161104
C10	0.01	0.253049841	0.457964697	0.629656764	0.807963898	0.686016587	0.783921398	1.01	0.930239648	0.706798663
C11	0.01	0.065944056	0.114895105	1.01	0.828181818	0.835174825	0.80020979	0.828181818	0.828181818	0.751258741
C12	0.01	0.047254902	0.127647059	0.52372549	0.890392157	0.898235294	0.82372549	1.01	0.862941176	0.715882353
C13	0.856153846	1.01	0.971538462	0.933076923	0.91	0.740769231	0.61	0.386923077	0.01	0.063846154
C14	0.01	0.01	0.26	1.01	1.01	1.01	1.01	1.01	1.01	1.01
C15	0.384220374	0.413326403	0.338482328	0.151372141	0.134740125	0.01	0.17008316	0.33016632	0.454906445	1.01
C16	0.01	0.01	1.01	0.905604396	0.911098901	0.889120879	0.864395604	0.83967033	0.850659341	0.903956044
C17	0.01	0.084626866	0.159253731	0.159253731	0.159253731	0.308507463	0.495074627	0.681641791	0.830895522	0.939661579
C18	0.042813537	0.52260783	0.16600624	0.32825273	0.093941606	0.616502986	0.303297943	0.591320504	0.674034506	
C19	0.01	0.015200208	1.01	0.16600624	0.479058762	0.489459178	0.571102444	0.772870515	1.01	0.73594038
C20	0.574632165	0.43330007	1.01	0.923669065	0.802295196	0.435620794	0.591109306	0.822717568	0.822021351	0.01

5. 计算各指标的权重

信息效用的计算公式如下：

$$d_j = 1 - e_j \tag{4-6}$$

指标权重的计算公式如下：

$$w_j = \frac{d_j}{\sum_{j=1}^{m} d_j} \tag{4-7}$$

采用熵值法计算得到的各个指标的权重如表4-5所示。

表4-5　2011～2020年熵值法计算权重结果汇总

指标	信息熵 e	信息效用 d	权重 w
C1	0.8791	0.1209	0.0603
C2	0.9522	0.0478	0.0238
C3	0.8787	0.1213	0.0605
C4	0.9568	0.0432	0.0216
C5	0.8690	0.1310	0.0653
C6	0.9453	0.0547	0.0273
C7	0.8682	0.1318	0.0657
C8	0.9213	0.0787	0.0392
C9	0.9191	0.0809	0.0403
C10	0.9338	0.0662	0.0330
C11	0.8889	0.1111	0.0554
C12	0.8824	0.1176	0.0587
C13	0.9070	0.0930	0.0464
C14	0.8883	0.1117	0.0557
C15	0.8784	0.1216	0.0606
C16	0.9091	0.0909	0.0453
C17	0.8414	0.1586	0.0791
C18	0.8649	0.1351	0.0674
C19	0.8704	0.1296	0.0646
C20	0.9405	0.0595	0.0297

（三） 旅游产业高质量发展关联系数

通过熵值法计算出各指标的权重后，本书进一步采用灰色关联分析法，通过灰色关联系数对 2011~2020 年吉林省旅游产业高质量发展进行综合评价。选取原始数据中正向指标的最优值和逆向指标的最劣值构造参考序列，求得各指标的关联系数，如表 4-6 所示。

表 4-6　2011~2020 年吉林省旅游产业高质量发展评价指标关联系数

指标	2011 年	2012 年	2013 年	2014 年	2015 年	2016 年	2017 年	2018 年	2019 年	2020 年
C1	0.333	0.351	0.373	0.404	0.445	0.51	0.606	0.763	1	0.475
C2	0.53	0.618	0.671	0.744	0.836	1	0.839	0.795	0.736	0.333
C3	0.333	0.351	0.372	0.403	0.445	0.509	0.605	0.762	1	0.478
C4	1	0.869	0.929	0.978	0.955	0.986	0.944	0.916	0.832	0.333
C5	0.333	0.348	0.367	0.394	0.434	0.497	0.585	0.738	1	0.455
C6	0.461	0.539	0.611	0.75	0.838	1	0.932	0.767	0.663	0.333
C7	0.333	0.347	0.366	0.393	0.432	0.494	0.583	0.736	1	0.458
C8	0.333	0.379	0.434	0.504	0.576	0.686	0.798	0.862	1	0.692
C9	0.333	0.376	0.429	0.495	0.56	0.689	0.803	0.836	1	0.694
C10	0.333	0.398	0.475	0.568	0.712	0.607	0.689	1	0.862	0.623
C11	0.333	0.346	0.358	1	0.733	0.741	0.704	0.733	0.733	0.659
C12	0.333	0.342	0.362	0.507	0.807	0.817	0.729	1	0.773	0.63
C13	0.765	1	0.929	0.867	0.833	0.65	0.556	0.445	0.333	0.346
C14	0.333	0.333	0.4	1	1	1	1	1	1	1
C15	0.444	0.456	0.427	0.368	0.364	0.333	0.373	0.424	0.474	1
C16	0.333	0.333	1	0.827	0.835	0.805	0.774	0.746	0.758	0.825
C17	0.333	0.351	0.37	0.37	0.37	0.416	0.493	0.604	0.736	1
C18	0.341	0.506	1	0.333	0.353	0.56	0.414	0.544	0.598	0.877
C19	0.333	0.334	0.372	0.423	0.485	0.49	0.533	0.678	1	0.646

指标	2011 年	2012 年	2013 年	2014 年	2015 年	2016 年	2017 年	2018 年	2019 年	2020 年
C20	0.535	0.464	1	0.853	0.707	0.465	0.544	0.728	0.727	0.333

（四）旅游产业高质量发展评价

由于旅游产业高质量发展的等级划分目前尚未形成统一的标准，大多文献是参考已有研究成果和经验，并根据地区特点来设定评价等级。本书参考张新友（2019）的研究成果并结合相关专家建议和研究计算结果，根据均分原则将旅游产业高质量发展得分划分为 5 个等级，如表 4-7 所示。划分评价等级能够明确不同时间段内旅游产业所处的发展水平，提供具有针对性的参考。

表 4-7 旅游产业高质量发展评价等级

等级	区间	状态
1	0~0.2	旅游产业高质量发展水平最低
2	0.2~0.4	旅游产业高质量发展水平较低
3	0.4~0.6	旅游产业高质量发展水平一般
4	0.6~0.8	旅游产业高质量发展水平较高
5	0.8~1	旅游产业高质量发展水平最高

基于熵值法获得的指标权重与灰色关联分析法获得的关联系数（r），根据式（4-8）可以得出吉林省旅游产业高质量发展评价的综合得分和各指标得分（即发展指数）：

$$s_i = \sum_{j=1}^{m} w_j \cdot r_{ij} \tag{4-8}$$

2011~2020 年吉林省旅游产业高质量发展评价的综合得分和各指标得分如表 4-8 所示。

表 4-8　2011~2020 年吉林省旅游产业高质量发展评价的综合得分和各指标得分

指标	2011 年	2012 年	2013 年	2014 年	2015 年	2016 年	2017 年	2018 年	2019 年	2020 年
C1	0.0200799	0.0211653	0.0224919	0.0243612	0.0268335	0.030753	0.0365418	0.0460089	0.0603	0.0286425
C2	0.012614	0.0147084	0.0159698	0.0177072	0.0198968	0.0238	0.0199682	0.018921	0.0175168	0.0079254
C3	0.0201465	0.0212355	0.022506	0.0243815	0.0269225	0.0307945	0.0366025	0.046101	0.0605	0.028919
C4	0.0216	0.0187704	0.0200664	0.0211248	0.020628	0.0212976	0.0203904	0.0197856	0.0179712	0.0071928
C5	0.0217449	0.0227244	0.0239651	0.0257282	0.0283402	0.0324541	0.0382005	0.0481914	0.0653	0.0297115
C6	0.0125853	0.0147147	0.0166803	0.020475	0.0228774	0.0273	0.0254436	0.0209391	0.0180999	0.0090909
C7	0.0218781	0.0227979	0.0240462	0.0258201	0.0283824	0.0324558	0.0383031	0.0483552	0.0657	0.0300906
C8	0.0130536	0.0148568	0.0170128	0.0197568	0.0225792	0.0268912	0.0312816	0.0337904	0.0392	0.0271264
C9	0.0134199	0.0151528	0.0172887	0.0199485	0.022568	0.0277667	0.0323609	0.0336908	0.0403	0.0279682
C10	0.010989	0.013134	0.015675	0.018744	0.023496	0.020031	0.022737	0.033	0.028446	0.020559
C11	0.0184482	0.0191684	0.0198332	0.0554	0.0406082	0.0410514	0.0390016	0.0406082	0.0406082	0.0365086
C12	0.0195471	0.0200754	0.0212494	0.0297609	0.0473709	0.0479579	0.0427923	0.0587	0.0453751	0.036981
C13	0.035496	0.0464	0.0431056	0.0402288	0.0386512	0.03016	0.0257984	0.020648	0.0154512	0.0160544
C14	0.0185481	0.0185481	0.02228	0.0557	0.0557	0.0557	0.0557	0.0557	0.0557	0.0557
C15	0.0269064	0.0276336	0.0258762	0.0223008	0.0220584	0.0201798	0.0226038	0.0256944	0.0287244	0.0606
C16	0.0150849	0.0150849	0.0453	0.0374631	0.0378255	0.0364665	0.0350622	0.0337938	0.0343374	0.0373725
C17	0.0263403	0.0277641	0.029267	0.029267	0.029267	0.0329056	0.0389963	0.0477764	0.0582176	0.0791
C18	0.0229834	0.0341044	0.0674	0.0224442	0.0237922	0.037744	0.0279036	0.0366656	0.0403052	0.0591098
C19	0.0215118	0.0215764	0.0240312	0.0273258	0.031331	0.031654	0.0344318	0.0437988	0.0646	0.0417316
C20	0.0158895	0.0137808	0.0297	0.0253341	0.0209979	0.0138105	0.0161568	0.0216216	0.0215919	0.0098901
综合得分	0.3888669	0.4233963	0.5237448	0.563272	0.5901263	0.6211736	0.6402764	0.7337902	0.8182449	0.6502743
等级	较低	一般	一般	一般	一般	较高	较高	较高	最高	较高

第三节　吉林省旅游产业高质量发展评价综合分析

一　吉林省旅游产业高质量发展整体评价分析

根据表 4-8，可发现吉林省旅游产业高质量发展综合得分在 0.3~0.9，处于中等水平，距离高质量发展目标尚有一定差距，存在着巨大的提升空间。根据吉林省旅游产业高质量发展评价的综合得分情况（见图 4-1），2011~2020 年吉林省旅游产业发展质量沿着"较低——一般—较高—最高—较高"的方向演变。2011~2019 年吉林省旅游产业高质量发展指数从 0.39 上升至 0.82，呈现稳步上升趋势，由较低水平先后进步至一般水平、较高水平、最高水平，表明吉林省旅游产业在这段时间内取得了长足的发展与显著成就。在此期间，旅游总人数、国内旅游人数、旅游总收入、国内旅游收入、重点文物保护单位数量、文化（文物）和旅游事业经费财政拨款六项指标均总体呈现明显的上升趋势。这种情况可能是由于政府出台了一系列支持旅游产业发展的政策，包括加大对旅游业的投资、提高旅游基础设施建设标准、简化旅游手续、扶持旅游企业等，从而创造了良好的旅游产业发展环境；吉林省有着丰富的旅游资源，包括自然风光、历史文化遗迹、民俗风情等，这些资源吸引了更多游客前来游览，从而推动旅游产业的发展；另外，吉林省加大了对旅游业的宣传推广力度以及旅游服务行业的培训和规范管理力度，通过各种渠道和手段向外界展示吉林省的旅游魅力，同时提升了旅游目的地的知名度和吸引力，提高了旅游服务质量，为游客营造了更好的旅游体验，增强了吉林省作为旅游目的地的竞争力。2019~2020 年，吉林省旅游产业高质量发展指数从 0.82 下降至 0.65，由最高水平降至较高水平。在此期间，旅游总人数、国内旅游人数和旅游总收入三项指标均呈现明显下降趋势。这种情况可能是国内重大事件对旅游业造成了负面影响，特别是 2020 年新冠疫情对全球旅游业造成了严重冲击，吉林省的旅游业也难以幸免；经济形势的变化导致了人们的消费观念和行为发生改变，减少了旅游支出，从而影响了旅游业的发展；另外，其他国家或地区的旅游目的地竞争力增强，吸引了原本打算前往吉林省的游客，也会导致吉林省旅游业受到一定程度的挤压。

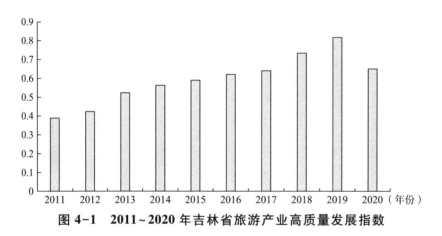

图 4-1　2011~2020 年吉林省旅游产业高质量发展指数

二　吉林省旅游产业高质量发展各子项目评价分析

为全面了解 2011~2020 年吉林省旅游产业高质量发展的各方面变化趋势，本书根据表 4-8 中二级指标的得分绘制折线图，以便更加直观地描述吉林省旅游产业高质量发展各子项目的演变情况，进一步探究吉林省旅游产业在 2011~2020 年面临的挑战和机遇，并为未来的旅游产业发展提供参考。

（一）吉林省旅游规模与增长评价分析

根据表 4-8、图 4-2 中吉林省旅游产业高质量发展评价的旅游规模与增长指标得分情况可发现，2011~2020 年吉林省的旅游规模与增长呈现以下特点。首先，2011~2019 年旅游总人数呈现稳定增长的趋势，这可能是由于全球经济的发展和人民生活水平的提高，进而推动了人们对旅游需求的普遍增加。其次，2011～2019年入境旅游人数的增长速度不如国内旅游人数，并且存在波动，这一情况可能是受到了签证政策、国际关系、安全形势等因素的影响，进而影响了人们出境旅游的意愿和选择。同时，相对于国际旅游，国内旅游通常更便利，并且有更多种类的目的地可供选择，因此使得国内旅游市场增长相对稳定。特别值得一提的是，2019年国内旅游市场出现了较大的增长，这可能是由于政府出台了鼓励国内旅游的政策，或者是其他因素导致了国际旅游市场的不确定性，从而促使人们更多地选择国内旅游。最后，2020年受新冠疫情影响，各指标指数呈下降趋势。综上所述，旅游规模与增长具有评估旅游产业发展状况和效益、分析市场趋势和潜力、评估政策效果和竞争力等重要作用。这些特点不仅反映了吉林省旅游产业的发展状况，也为制定未来的旅游发展战略和政策提供了有益的参考。

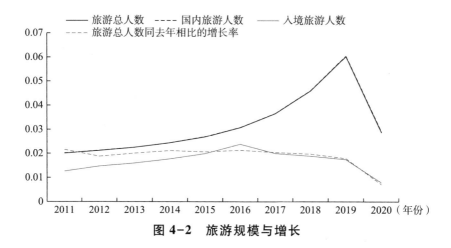

图4-2　旅游规模与增长

（二）吉林省旅游收入与经济贡献评价分析

根据表4-8中二级指标的得分绘制折线图，以更生动地描绘吉林省旅游产业的发展历程，深入探讨2011～2020年吉林省旅游产业所面临的挑战与机遇，为未来旅游产业的可持续发展提供理论支撑。如图 4-3 所示，2011~2019 年，吉林省旅游总收入、国内旅游收入逐年增长，尤其是 2016~2019 年增速较快，但 2020 年出现了较大幅度的下降。与之相比，社会消费品零售总额虽然也呈现增长趋势，但增速相对缓慢。整体来看，吉林省旅游业对经济的贡献逐年增加，但 2020 年受到疫情等因素的影响而出现了较大波动。出现上述现象可能受以下因素的影响。首先，2011~2019 年，吉林省通过推广旅游目的地、改善旅游基础设施、加强宣传推广等措施，吸引了更多的游客，促使旅游总收入、国内旅游收入逐年增长。尤其是 2016~2019 年相对实施了更多的政策措施，加速了旅游业的发展。其次，社会消费品零售总额的增长相对缓慢，反映了吉林省经济结构转型和消费升级的趋势。随着经济的发展，人们可能更加注重品质生活和个性化消费，而不仅仅是数量的增长，这可能导致了社会消费品零售总额的增速相对较慢。最后，旅游业的增长受到市场竞争和供需关系的影响。在旅游业发展较快的情况下，可能吸引了更多的游客和投资，但在某些时期可能出现了供给过剩或者市场饱和的情况，导致了 2020 年各指标较大幅度的下降。同时，2020 年旅游业受到新

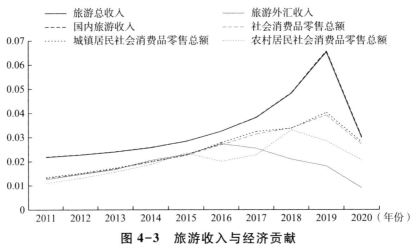

图 4-3　旅游收入与经济贡献

冠疫情的冲击，全球范围内都实施了旅行限制和封锁措施，进而导致旅游总收入、旅游外汇收入和国内旅游收入的大幅下降。

（三）吉林省旅游资源与设施评价分析

根据表 4-8、图 4-4 中吉林省旅游产业高质量发展评价的旅游资源与设施指标得分情况可发现，2011~2020 年国家 A 级旅游景区数量总体呈现增长趋势，尽管增长速度略有波动。旅行社数量在前期增长较为稳定，然而自 2014 年起明显增加，显示出旅游市场活跃程度提升的迹象。相反地，星级饭店总数整体呈下降趋势。重点文物保护单位数量在 2013~2014 年显著增加，之后趋向稳定。具体分析表明，2011~2020 年，国家加大了对旅游业的政策支持和投资，以促进旅游景区的建设和发展，这导致了国家 A 级旅游景区数量的整体增长。旅行社数量的明显增加可能是由于旅游市场需求的增加，消费者对旅游产品的需求呈现多样化和个性化，这与人们生活水平的提高、假期制度的改革等因素相关，从而促使更多旅游消费者选择由旅行社组织的旅游活动。与此相反，星级饭店总数的下降可能是由于市场竞争激烈，旅游消费者对住宿需求的偏好发生了变化。一些旅游消费者更倾向于选择非传统的住宿方式，如民宿、短租等。而重点文物保护单位数量的增加可能是由于政府加大了对文物保护

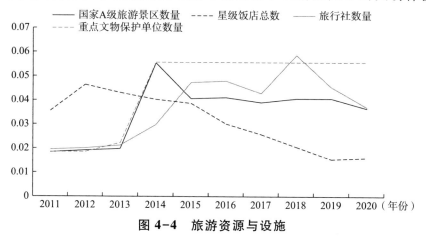

图 4-4　旅游资源与设施

的力度，出台了相关政策和措施。

（四）吉林省旅游环境与生态保护评价分析

根据表4-8、图4-5中吉林省旅游产业高质量发展评价的旅游环境与生态保护指标得分情况可发现，2011~2020年森林面积和灌木林地面积呈现一定程度的波动，但总体呈现相对稳定的态势。与此同时，森林覆盖率总体呈现增长趋势，尤其近年来增长更加显著。水资源总量也呈现一定的波动，但总体上保持着稳定的状态。这一发展趋势的根本原因可能涉及多个因素，包括自然因素和人为因素。气候变化和自然灾害等自然因素可能对森林面积和灌木林地面积造成波动影响，而人类活动，如森林开发和土地利用变化，也可能通过砍伐森林、开垦土地等方式影响森林和灌木林地的变化。此外，森林覆盖率增加的趋势可能受到生态保护政策的推动，例如政府实施了退耕还林政策、加强了森林资源管理等措施，以提升森林覆盖率和生态系统的健康水平。水资源总量的波动可能与气候变化、水资源利用方式的改变，以及人类活动对水资源的影响密切相关。气候变化可能导致降水量和地下水位的波动，而人类活动，如工业和农业用水，也可能对水资源总量产生重要影响。

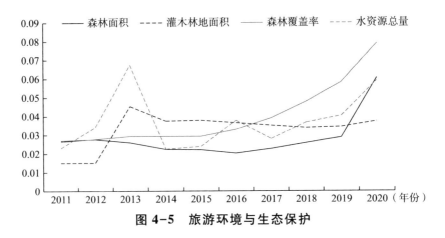

图4-5　旅游环境与生态保护

(五) 吉林省旅游及相关产业支撑评价分析

根据表 4-8、图 4-6 中吉林省旅游产业高质量发展评价的旅游及相关产业支撑指标得分情况可发现，2011～2020 年文化（文物）和旅游事业经费财政拨款及其增长速度经历了持续变化。综合评价表明，在这一时期，政府对旅游产业给予了持续的财政支持，尤其在 2017～2019 年文化（文物）和旅游事业经费财政拨款显著增加，然而 2020 年却出现了下降的情况。这种经费拨款波动可能源自政府对文化和旅游事业财政支持政策的调整。2017～2019 年文化（文物）和旅游事业经费财政拨款增加，很可能是政府出台了支持旅游产业发展的相关政策所致，而 2020 年的下降反映了政府资源调配的变化或其他紧急需求的出现。此外，文化和旅游产业的发展与整体经济形势密切相关。经济增长和财政收入的增加可能刺激政府增加对旅游产业的支持，而经济下滑则可能导致拨款金额的减少。最后，特定事件如自然灾害、公共卫生危机或社会政治变化也可能影响政府对旅游产业的财政拨款，因为这些事件会重新调整政府资源的分配优先级，从而影响旅游产业的财政支持水平。

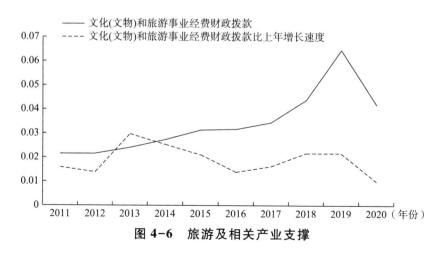

图 4-6 旅游及相关产业支撑

第四节　吉林省旅游产业高质量发展优化策略

一　吉林省旅游规模与增长优化策略

通过分析吉林省旅游产业高质量发展指数可知，在旅游规模与增长层面，可通过促进入境旅游发展、加强与周边地区合作、拓展旅游产品和服务等策略，进一步提升吉林省旅游产业的规模与增长水平，促进旅游经济的持续健康发展。在促进入境旅游发展方面，针对入境旅游增长速度不及国内旅游的情况，可以通过改善签证政策、加强国际旅游宣传推广、提升旅游服务质量等措施，吸引更多国际游客来吉林省旅游。在加强与周边地区合作方面，可通过加强与周边地区的旅游合作与交流，共同开发旅游产品，打造跨区域旅游线路，实现资源共享和互利共赢，进一步扩大吉林省旅游市场规模。在拓展旅游产品和服务方面，可根据市场需求和旅游发展趋势，不断创新和拓展各类旅游产品和服务，满足不同游客群体的需求，丰富旅游产品线，提升旅游产业的综合效益。

二　吉林省旅游收入与经济贡献优化策略

通过分析吉林省旅游产业高质量发展指数可知，在旅游收入与经济贡献层面，可通过政策支持与推广、经济结构转型、关注市场竞争与供需关系等策略，更好地应对挑战，抓住机遇，实现可持续发展。在政策支持与推广方面，吉林省可通过政策支持、推广旅游目的地和改善基础设施等措施，成功吸引更多游客。政府在旅游业发展中的作用至关重要，因此继续加大政策支持力度，提升旅游基础设施建设水平，加强宣传推广，可以进一步促进旅游业的健康发展。在经济结构转型方面，社会消费品零售总额增速相对缓慢反映了经济结构转型和消费升级趋势。因此，吉林省可以积极响应这一趋势，加大对品质生活和个性化消费的支持，推动相关产业的发展，以满足人们日益增长的多样化消费需求。在关注市场竞争与供需关系方面，在旅游业发展较快的情况下，可能存在供给过剩或市场饱和的风险，因此吉林省旅游业需要保持市场敏感性，灵活调整发展策略，避免过度依赖某一地区或产品线，确保供需平衡，提升竞争力。

三　吉林省旅游资源与设施优化策略

通过分析吉林省旅游产业高质量发展指数可知，在旅游资源与设施层面，可通过提升星级饭店服务水平、鼓励发展特色民宿和短租市场、加强重点文物保护单位的保护和利用以及促进旅行社服务创新，提升旅游产业的发展水平，提高旅游业的竞争力和吸引力，实现旅游产业高质量发展。在提升星级饭店服务水平方面，尽管星级饭店数量总体呈下降趋势，但仍然是旅游业的重要组成部分。因此，吉林省可以通过提升星级饭店的服务水平和品质，吸引更多的游客选择入住，这可能会涉及改善设施设备、提升服务质量、创新服务模式等方面。在鼓励发展特色民宿和短租市场方面，随着消费者住宿需求的多样化和个性化，吉林省可通过政策支持、资金扶持、市场宣传等方式，来推动特色民宿和短租市场的发展，以满足不同游客的消费需求。在加强重点文物保护单位的保护和利用方面，重点文物保护单位数量的增加反映了政府对文物保护的重视，但也需要注重如何更好地利用这些资源。吉林省可通过加大对重点文物保护单位的保护力度，积极开展文化旅游推广活动，吸引更多游客前来参观。在促进旅行社服务创新方面，旅行社数量的增加反映了旅游市场活跃程度的提升，但也需要关注服务质量和服务创新，因此吉林省可通过鼓励旅行社增加创新型旅游产品和服务，来满足游客日益增长的需求。

四　吉林省旅游环境与生态保护优化策略

通过分析吉林省旅游产业高质量发展指数可知，在旅游环境与生态保护层面，可通过加强森林和灌木林地的保护、深化生态保护政策、加强水资源管理和保护、加强环境教育和宣传等策略，更好地保护和改善吉林省的生态环境，为吉林省旅游产业高质量发展提供坚实的保障。在加强森林和灌木林地的保护方面，针对森林面积和灌木林地面积的波动情况，可采取相关措施加强森林资源的保护和管理，包括加强对非法砍伐的打击、实施森林资源合理利用的政策、完善生态补偿机制等措施，以保护和增加森林和灌木林地的面积。在深化生态保护政策方面，考虑到森林覆盖率总体上升的趋势可能与生态保护政策的推动密切相关，可以进一步深化生态保护政策，包括加大对生态环境的投入、完善生态保护法律法规、加强对重点生态区域的保护等方面的工作，以促进生态环境的持续改善。在加强水资源管理和保护方面，针对水资源总量的波动情况，可以加强对水资源的管理和保护，包括推动节水技术的应用、加强水资源的监测和评估、建立健全水资源管理机制等方面的工作，以确保水资源的可持续利用。在加强环境教育和宣传方面，可通过加强对公众的环境教育和宣传，提高公众环境保护的意识和参与度；通过开展环境保护主题活动、开展环境保护知识普及活动等方式，引导公众积极参与到生态保护工作中来。

五　吉林省旅游及相关产业支撑优化策略

通过分析吉林省旅游产业高质量发展指数可知，在旅游及相关产业支撑层面，可通过提升政策稳定性和透明度、优化财政资源配置以及建立应急机制等策略，更好地应对旅游产业财政拨款波动带来的影响，促进吉林省旅游产业高质量发展。在提升政策稳定性和透明度方面，政府可以通过提升对旅游产业支持政策的稳定性和透明度，确保产业发展方向的一致性和可预见性；通过明确的政策目标、长期的政策规划和透明的政策执行过程，可以降低政策调整带来的不确定性，从而稳定财政拨款的增长。在优化财政资源配置方面，政府可以通过优化财政资源的配置，确保旅游产业能够获得足够的支持，特别是在经济增长放缓或其他紧急需求出现时，通过科学的财政规划和资源调配，平衡各个产业的需求，确保旅游产业在财政支持方面的稳定性和持续性。在建立应急机制方面，针对特定事件可能对旅游产业财政拨款造成影响的情况，政府可以建立应急机制，及时调整资源配置，保障产业的正常运行，包括建立灵活的财政支持机制、制定危机管理预案等措施，以应对突发事件所带来的财政压力。

第五节　吉林省旅游产业高质量发展综合策略

近年来，在我国对旅游产业高度重视与支持的背景下，旅游业体系日益健全，大众旅游深入发展，国内旅游市场呈现蓬勃发展的新趋势，吉林省旅游产业也随之迎来了新的发展机遇。然而，吉林省要实现旅游产业高质量发展，除了巩固现有优势外，还需进行全局性、系统性的优化。本书综合吉林省旅游产业高质量发展评价结果，从宏观战略层面、中观策略层面、微观市场需求层面提出吉林省旅游产业高质量发展的综合策略。在宏观战略层面，应从明确旅游产业定位与规划、加强政策支持力度、促进产业融合与创新三个角度进行整体战略规划布局；在中观策略层面，从加快数字经济和旅游产业相结合、跨区域合作与联动、人才培养与引进三个方面来对吉林省旅游产业的发展模式进行创新；在微观市场需求层面，通过打造特色旅游品牌、拓展旅游客源市场、创新营销推广模式来增强吉林省旅游产业的发展活力。

一 宏观战略层面旅游产业高质量发展优化策略

在宏观战略层面，将吉林省旅游产业高质量发展作为重要战略，并通过明确旅游产业定位与规划、加强政策支持力度、促进产业融合与创新来规划发展的整体思路，为吉林省旅游产业高质量发展提供全面的战略指导。

（一）明确旅游产业定位与规划

战略定位与规划决定了吉林省旅游产业发展的方向和质量。为了实现旅游产业高质量发展的目标，吉林省应将其纳入全省经济社会发展总体规划中，确保旅游产业在政策、资金、人才等方面的投入和支持。在规划过程中，应避免过度开发和破坏旅游资源，以确保旅游产业发展与生态环境保护相协调。同时，通过对吉林省旅游产业的资源分布情况、市场需求、发展潜力等条件进行综合分析，制定合理的旅游产业发展规划，打造旅游精品，具体规划方向可以从冰雪旅游、民俗体验、网红景点等方面展开。近年来，冰雪旅游正逐渐成为我国冬季旅游市场的热点，吉林省由于自身地理位置的优势，拥有丰富的雪量和雾凇资源，这为开展冰雪旅游活动提供了极佳的条件。基于此，吉林省可将长白山、净月潭等地区打造成冰雪旅游的重点区域，推出一系列富有特色的冰雪旅游路线，以吸引南方游客前来打卡。在民俗体验方面，吉林省是中国著名的满族文化传承地和朝鲜族主要聚居地，有着丰富的民族文化底蕴，因此民俗文化体验也可以成为吉林省旅游产业的另一大亮点。在网红景点方面，借鉴2024年初长春动植物公园"雪饼猴"爆火事件，大力宣传长春动植物公园、这有山、桂林路商业街等其他网红景点，抓住网络流量宣传，进一步扩大吉林省旅游产业的知名度。

（二）加强政策支持力度

政策支持是实现旅游产业高质量发展的重要基础和保障。为推进旅游产业高质量发展，吉林省政府应充分发挥引导作用，结合省内旅游产业资源，制定并落实一系列政策举措，为旅游产业高质量发展提供强有力的保障，具体可以从税收优惠、财政支持、公共服务保障等多个层面着手。在税收优惠方面，吉林省政府可以通过减免旅游企业增值税、企业所得税等来降低企业运营成本，减轻旅游企业的运营压力，提高营业积极性。在财政支持方面，可通过提供低息贷款、担保贷款等来加大对旅游企业的金融支持力度，以解决相关旅游企业的融资难题。同时，还可以对有发展潜力的旅游企业进行投资扶持，设立旅游产业发展专项资金，支持旅游基础设施建设、旅游产品开发等。在公共服务保障方面，吉林省政府应不断完善相关公共基础设施，优化城市交通旅游路线，将省内著名旅游景点与机场、高铁站、火车站等地串联起来，以完善旅游服务机制，夯实旅游产业服务基础。在支持旅游产业发展的同时，吉林省政府应不断健全旅游产业市场管理机制，加强旅游产业监管力度，规范旅游市场秩序，以保障游客和旅游企业的合法权益。

（三）促进产业融合与创新

推动产业融合与创新是实现吉林省旅游产业高质量发展的重要措施。吉林省应以转型升级为目标，将旅游产业与文化、农业、科技等产业深度融合，完善旅游产业体系，实现旅游产业全方位、高质量提升。在文旅融合方面，吉林省深厚的文化底蕴为文旅融合提供了得天独厚的条件。例如，可以将冰雪文化作为突破口，创新文化旅游发展模式。吉林省丰富的冰雪资源为开展各类冰雪运动比赛提供了有利条件，通过举办滑雪、冬泳、溜冰等体育活动，可为游客提供多元化的旅游体验。在乡旅融合方面，深入挖掘地域特色，开展乡村旅游项目，将乡村旅游与农产品体验相结合，如开展采摘季活动或农家乐体验等，为游客提供全方位、多元化的农村旅游体验。在旅游与科技相结合方面，可利用人工智能和大数据分析技术，优化旅游服务和运营管理，创新旅游电商平台、智能导游系统等，为游客提供个性化的旅游推荐和行程定制，通过结合 VR、AR 等虚拟技术，共同打造智慧旅游模式，提升游客旅游的沉浸式体验感。

二 中观策略层面旅游产业高质量发展优化策略

在中观策略层面，可通过创新发展模式促进旅游产业高质量发展，具体可从加快数字经济和旅游产业相结合、跨区域合作与联动、人才培养与引进三个方面着手，对旅游产业的发展模式进行调整和优化。

（一）加快数字经济和旅游产业相结合

《"十四五"文化和旅游发展规划》中指出，要深化"互联网+旅游"，加快推进以数字化、网络化、智能化为特征的智慧旅游发展。政府可通过出台相关政策来积极鼓励和支持旅游产业进行数字化转型，为吉林省创新智慧旅游模式提供有力支持。在平台建设方面，吉林省各区域旅游相关部门应积极搭建和完善旅游大数据平台，实现对省内旅游资源的精准管理和有效调配，并通过收集和分析游客数据，把握市场需求，为游客提供个性化服务。旅游企业也可以通过建立综合性的数字旅游平台，为用户提供智能推荐、电子票务、景区导航等多元化的服务，提高游客满意度。在产品创新方面，旅游企业需打破传统旅游产业的时空限制，开发线上旅游产品和服务，并借助社交媒体、短视频平台等新媒体渠道，开展线上、线下营销活动，加快吉林省旅游产业的传播与推广，让游客实现线上与线下消费融合。在景区服务方面，旅游企业可通过数字化旅游产品，如 VR 旅游、AR 导览等应用，为游客带来便捷、沉浸式的旅游体验。

（二） 跨区域合作与联动

近年来，东北三省"冰雪文化"的宣传力度不断加大，吸引了大量外省游客前来旅游，吉林省可以充分利用周边省份的优质资源，加强与黑龙江、内蒙古等省份的旅游合作，共同规划跨区域旅游线路，打造旅游产品品牌，实现资源共享、客源互送，形成优势互补、互利共赢的旅游发展格局。同时，加强省域间的交通建设，推动各省份旅游交通的互联互通，提高游客跨省旅游的便捷性。由于各地区旅游资源分布不均、发展水平存在差异，为了实现吉林省旅游产业的协同发展，吉林省各区域间可以建立公共旅游数据共享平台，促进吉林省各级政府、旅游部门、旅游企业、景区之间的资源共享与合作，共同推动吉林省旅游产业高质量发展。

（三） 人才培养与引进

旅游产业作为典型的人才密集型产业，在带动就业、拓宽渠道的同时，对高质量人才的需求也日益凸显。伴随着旅游产业与数字经济的深度融合，旅游产业的发展更需要高质量、高素质的专业人才。因此，培养和引进高质量的旅游人才，加强旅游人才队伍建设，对于促进吉林省旅游产业高质量发展具有重要意义。一方面，需要多渠道培养人才，吉林省含开设旅游专业的院校共有 30 所，其中本科院校有 18 所，高职类院校有 12 所，吉林省旅游企业需加强与院校间的合作，鼓励各高校有计划地培养不同层次的旅游专业人才，尤其注重培养旅游与数字经济领域的专业人才和高素质的外语旅游人才，为旅游产业的高质量发展提供人才保障；另一方面，吉林省可用优质的保障条件来引进高层次的数字经济人才和旅游专业人才，为省内旅游产业的高质量发展提供智力支持。同时，注意提高旅游从业人员的专业素养和服务水平，通过开展定期的培训、交流活动等方式来提升旅游从业人员质量。

三 微观市场需求层面旅游产业高质量发展优化策略

在微观市场需求层面，可通过打造特色旅游品牌、拓展旅游客源市场、创新营销推广模式三种路径，增强吉林省旅游产业的活力，提升知名度与美誉度，促进旅游产业高质量发展。

（一）打造特色旅游品牌

东北三省由于地理位置相近、气候条件相似，近年来都在大力宣传冰雪旅游，这使得东北地区旅游产业呈现较为明显的同质化倾向。为避免同质化竞争，吉林省应深入探索本省旅游资源的特色和品牌价值，从多角度挖掘本省文化特色，打造独特的旅游品牌。在旅游品牌塑造中，吉林省应彰显省内特色旅游资源，将自然生态、少数民族文化、传统民俗等元素融入旅游产品，打造具有吉林省特色的旅游品牌。例如，开发朝鲜族民俗风情体验游、长白山生态之旅、冰雪乐园等旅游产品，推动吉林省旅游产品创新与多元化发展。此外，打造吉林省旅游品牌标识也是塑造旅游品牌形象的基本路径，通过选择吸引游客的品牌名称、宣传口号、Logo 设计、形象宣传片等，提升旅游品牌的辨识度。在品牌视觉形象的呈现方式方面推陈出新，打造吉林省专属 IP 形象，如长白山动植物主题 IP、冰雪主题 IP、长春动植物公园西游主题 IP 等，以提升吉林省旅游品牌知名度。

（二）拓展旅游客源市场

在拓展旅游客源市场的过程中应遵循"走出去，请进来"的原则，从国内和国外两个渠道双向拓展客源市场，以全面推进吉林省旅游产业高质量发展。在国内，吉林省应遵循"巩固省内、拓展省外"的原则，即首先将省内及其周边省份的客源市场作为发展重点来挖掘客源，如省内的长春市、吉林市、通化市、四平市等地，这些区域经济发展条件较好，且拥有庞大的内需市场，应作为客源市场拓展的重点。在此基础上，逐步拓展到省外市场，具体应将客源市场聚焦在华南、西南等地区，充分利用南方游客对北方冰雪的喜爱，加大冰雪旅游的宣传和营销力度。海外市场也是拓展客源的重要方向，应秉持"巩固亚洲、拓展欧美"的策略，加强与境外旅行商、OTA平台等的合作关系，推广吉林省旅游产品并设计旅游路线，畅通国际游客渠道，从而吸引更多国外游客前来吉林省旅游消费，全面提升吉林省旅游产业的竞争力和影响力，为吉林省旅游产业高质量发展注入新的动力。

（三）创新营销推广模式

随着新媒体营销的发展，旅游产业中传统的营销模式已经难以满足消费者的多样化需求，因此吉林省旅游企业需要不断创新营销推广策略，采取"线上为主，线下为辅"的推广模式来达到更好的宣传效果，实现"互联网+旅游"的跨界融合发展。在线上营销方面，吉林省旅游企业应充分利用大数据技术分析游客的旅游习惯与购买偏好，以便精准地将产品推送给消费者，提高潜在客户的转化率。同时，应利用短视频平台、社交媒体等新媒体广泛传播，借鉴"淄博烧烤""甘肃天水麻辣烫""南方小土豆勇闯哈尔滨"等成功案例，结合地域特色和旅游资源优势，抓住流量密码，充分利用好长春动植物公园"雪饼猴"的网红效应，加大宣传力度，提高吉林省旅游产业的知名度。此外，可通过邀请本地网红拍摄宣传片、直播介绍等方式来展示景区的特色，进一步提升吉林省旅游产业的美誉度。在线下营销方面，吉林省可以结合地方特色，组织美食节、滑雪节、旅游推介会、冰雪艺术展览会等大型节庆活动，突出地域旅游特色，增强营销推广效果。

第五章　吉林省文化资源与旅游产业协调发展
评价与优化策略研究

本章对吉林省文化资源与旅游产业协调发展评价与优化策略展开研究。首先，基于共生理论对文化与旅游产业融合发展进行分析；其次，通过构建文化资源与旅游产业发展评价指标体系，定量测评吉林省文化资源与旅游产业发展耦合度、耦合协调度以及同步性，对文化资源和旅游产业发展进行综合评价；再次，对文化资源禀赋空间特征、旅游发展水平空间特征、文化资源与旅游产业发展耦合协调度空间特征、文化资源与旅游产业发展同步性空间特征进行具体分析；最后，针对各地市文化与旅游区域发展特点提出具体优化策略。

第一节　基于共生理论的文化与旅游产业融合发展分析

一　共生理论

"共生"（Symbiosis）的概念由德国生物学家 De Bary 在 1879 年提出。1998 年，学者袁纯清在《共生理论——兼论小型经济》一书中首次引入共生理论，将共生理论应用在经济学研究领域，认为共生是一种生物学现象，同时也是一种社会学现象；共生是一种生物识别机制，同时也是一种社会科学方法（袁纯清，1998）。近年来，共生理论被广泛应用于民族学（周超和刘虹，2021）、管理学（戴艳清和刘振宇，2024）、经济学（胡海和庄天慧，2020；刘家树等，2022；张艺璇，2021；张玥和李慧平，2018）等多个学科领域。共生理论包括共生单元、共生模式、共生环境三大要素，认为三大要素之间能够相互作用并构成共生系统（熊海峰和祁吟墨，2020）。其中，共生单元是共生关系中的基本物质单位，是共生能量产生和交换的基础。共生模式又称为共生关系，是共生单元之间相互作用的方式，共生关系通常呈现在共生单元之间螺旋上升的过程中，即共生模式是共生单元之间相互促进、共同成长的一种模式。共生模式可以分为点共生、间歇共生、连续共生、一体化共生四种，相对而言，一体化共生是共生模式的理想状态。共生环境是建立共生关系的外部条件，可分为正向环境、反向环境和中性环境（熊海峰和祁吟墨，2020）。共生理论广泛适用于对共同进化、共同发展领域两者共生相关性的研究中，倡导构建两者互惠共存、稳定正向发展的共生模式。共生系统和共生三要素的关系如图5-1所示。

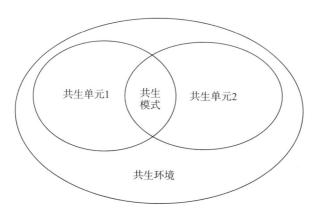

图 5-1　共生系统和共生三要素的关系

在文化和旅游学研究中，共生理论被广泛应用。熊海峰和祁吟墨（2020）基于共生理论，以大运河文化带建设为例，对文化和旅游融合发展策略展开研究；唐献玲（2020）基于共生理论，对乡村旅游利益冲突展开探索，并提出治理机制；王秀伟（2021）结合共生理论和生态系统理论，构建文化旅游产业融合生态系统，探索文化旅游融合的衍生逻辑；王庆生等（2019）以山东省沂南县竹泉村为案例，基于共生理论对乡村旅游精准扶贫模式、利益主体共生模式，以及旅游精准扶贫路径优化进行探索；柴寿升等（2022）对台儿庄古城红色文旅融合展开研究，基于共生理论，以共生单元为基础、共生环境为条件、共生模式为联结，构建了红色文旅共生融合发展生态系统；彭淑贞和吕臣（2020）从供给和需求两个共生单元角度，对乡村旅游生态系统创新展开研究，解释了共生理论嵌入乡村旅游生态系统的创新机理；马斌斌等（2023）将共生理论引入数字经济与旅游产业融合发展理论分析框架，对数字经济与旅游产业融合发展的时空演化、动力机制进行实证分析。由此可见，共生理论所强调的互惠共存、互利优化、稳定正向发展理念，与文化和旅游产业融合的内在要求相契合，并被相关研究领域学者广泛应用。因此，本书在文化和旅游产业协调发展研究中引入共生理论，对文化与旅游产业融合机理进行系统分析。

二 文化与旅游产业融合发展分析

根据共生理论，共生单元之间要具有一定的时空联系，共生关系和结构要具有正向相关的作用，才能够相互促进，共同正向发展（熊海峰和祁吟墨，2020；马斌斌等，2023）。文化产业和旅游产业具有弱边界和强关联性，其相互融合的过程是文化产业和旅游产业通过产业边界扩张和交互，实现两者相互协调、共同发展，促进两者之间价值耦合，创造新的价值增长点，达到以"文旅融合"促进文化旅游产业经济发展。鉴于此，本书对文化与旅游资源融合和产品融合机理进行具体分析，对文化与旅游融合的共生界面和共生环境展开研究。

（一）文化与旅游资源的融合

文化和旅游资源融合是文化与旅游产业融合发展的基础，各种类型的文化资源和旅游资源之间具有一定的兼容性和互补性。文化赋予了旅游活动丰富的内涵，为旅游资源开发提供了素材，使旅游资源具有一定的文化意义，提高了旅游资源的吸引力；旅游活动的开展为特色文化的传播和扩散提供了广阔的渠道，旅游资源成为文化传播的载体。近些年，文化产业和旅游产业的辐射面逐渐广阔，渗透性逐渐增强，文化和旅游资源不断融合和创新，进一步促进了文化产业和旅游产业的协调发展。在国外文化与旅游资源融合的相关研究中，将文化与旅游资源进行深度融合的方式主要有影视文化旅游、主题公园旅游、体育文化旅游、文化遗产旅游、乡村文化旅游、节事会展旅游等，通过将文化和旅游资源进行融合，构建文化传承和旅游开发合作共赢的模式（邵明华和张兆友，2020）。我国在文化和旅游资源融合方面，主要基于当地资源禀赋和产业基础，探索文化旅游融合形式，秉承"宜融则融、能融尽融"的指导思想（邵明华和张兆友，2020），实现"以文促旅"和"以旅兴文"。

（二）文化与旅游产品的融合

文化和旅游产业具有渗透性和开放性，在产品互补方面存在天然的融合基础，文化产品的丰富内涵为游客提供了充实的文化体验，促使旅游观光活动向文化体验旅游转型；同时旅游活动为文化产品的创新发展提供了载体，将文化内涵融入旅游产品中，促进了文化的传承与发展（王秀伟，2021）。

文化与旅游产品的融合主要表现在结构特征、功能属性、价值效用等方面（王秀伟，2021）。近年来，我国文化旅游规划和管理部门推出了一系列文化旅游融合型产品，如以数字化、智能化等虚拟现实技术支撑的博物馆漫游、云展会、景区云旅游等文化旅游产品，通过多媒体电、声特效技术和文化内涵的融入，为游客带来了全新的文化感知和旅游体验。文化旅游融合型产品充分体现了文化与旅游在结构特征、功能属性、价值效用等方面的一体式融合，文化产品与旅游产品的边界在逐渐消失，差异性在逐渐降低。文化旅游产品的一体式融合，是文化产业和旅游产业深度融合的必然结果。

（三）文化与旅游融合的共生界面

文化与旅游融合发展的共生模式以实现一体化共生为最终目标（马斌斌等，2023）。一体化共生模式的实现相对复杂，需要文化和旅游资源、产品、技术等各方面形成共生发展的界面。例如，政府、文化旅游项目、文化旅游资源、所在地居民之间的协调组织等的互惠共赢，从利益相关者视角形成共生界面；各省份之间交通、通信、网络等基础设施方面与文化旅游资源形成共生界面；公共服务、科技创新等产业发展要素之间构成共生界面；等等。文化与旅游一体化共生模式的实现依赖于上述共生界面的协调发展，而文化产业与旅游产业协调发展所带来的经济效益同样会反哺上述共生界面。因此，从文化与旅游融合发展的共生模式角度分析，其融合发展满足消费者的多样化需求是本质，合作共赢是融合的内在动力，而市场竞争、制度保障、政策条件、科技创新是融合发展的外生动力。

（四）文化与旅游融合的共生环境

共生环境是共生模式运行的保障环境（马斌斌等，2023）。共生环境有三种，包括正向环境、反向环境、中性环境。文化资源丰裕度、自然资源密度等是各地市文化与旅游融合发展的基础，其与各地政治制度、金融政策、财政政策、法律法规、科学技术、生态环境、公共服务、交通设施等整体构成了文化与旅游融合发展的共生环境。当共生环境内部各因素相互促进、互惠互利时，就构成了正向的共生环境，正向共生环境是共生单元共同发展的保障。

近年来，我国在政策制度上将"文旅融合"跃升为国家层面战略部署，吉林省更是将"文旅强省"作为助力吉林省优化产业结构、拉动经济腾飞的新引擎与新动力，文化产业与旅游产业在宏观正向环境的推动下，在市场需求的内在拉动下，不断走向融合共生。

第二节　吉林省文化资源与旅游产业发展评价指标体系构建

基于文化与旅游产业融合发展的共生理论分析，本书对吉林省文化资源与旅游产业协调发展水平进一步展开研究。为有效测度吉林省文化资源与旅游产业协调发展耦合协调度和同步性，本书遵循指标体系建立的原则，构建文化资源与旅游产业发展评价指标体系，并采用熵值法对文化资源与旅游产业发展水平权重进行测度。

一　评价指标体系构建原则

目前建立评价指标体系的方法主要有主成分分析法、专家咨询法、理论分析法、频度统计法等（田红等，2020），综合考虑文化资源与旅游产业发展的复杂性和系统性，本书采用专家咨询法和频度统计法建立指标体系，采用熵值法确定指标权重。

首先，通过文献资料的收集和统计，选取了32篇关于旅游资源、旅游产业、文化资源、文化产业、文化旅游资源评价的代表性文献，并对其使用的评价指标进行频度统计，结合研究内容，选取代表性强、针对性强的评价指标，构建初步的评价指标体系。其次，将初步构建的评价指标体系提供给文化产业、旅游产业及文化旅游融合发展研究领域的专家，通过专家咨询获取建设性指导意见，进一步修改完善评价指标体系。最后，根据指标体系建立原则，包括系统性和科学性的原则、可获取和可量化的原则、全面性和层次性的原则等（田红等，2020），最终确定本书文化资源与旅游产业发展评价指标体系。

（一） 系统性和科学性的原则

文化资源与旅游产业发展涉及多个要素，在构建指标体系时要选取具有一定代表性的指标信息，避免指标过多、指标重叠，或指标过少、遗漏缺失指标信息，所构建的指标体系要具有系统性。同时，指标体系要具有科学性，选择恰当的相关指标数量统计方法，确保指标体系测评的结果能够对文化旅游融合发展具有科学的指导意义。

（二） 可获取和可量化的原则

构建评价指标体系，选取具体评价指标，要确保评价指标的数据是可获取和可量化的，即通过统计年鉴或官方网站等能够获取的资料数据，或能够根据获取的资料数据进行数理统计分析和计算得到指标值；对于定性的指标可通过各种方法进行量化处理（田红等，2020）。

（三） 全面性和层次性的原则

评价指标体系的构建，要能够全面包含文化资源与旅游产业发展的诸多要素，具有一定的全面性；同时指标的设定要具有一定的层次性，从一级指标到二级指标，层层深入，形成科学的、合理的、有层次的评价系统。

二 评价指标体系的构建

（一） 评价指标选取

根据文化与旅游产业融合发展机理和评价指标体系的构建原则，结合吉林省文化资源与旅游产业发展状况，借鉴国内外学者的研究成果，构建评价指标体系。其中，文化资源禀赋从文化资源丰裕度、文化资源基础两个方面进行指标体系的构建，文化资源丰裕度参考了林存文和吕庆华（2020）的研究，文化资源基础参考了孙剑锋等（2019）和贾垚焱等（2021）的研究；旅游发展水平从旅游发展资源、旅游发展规模两个方面进行指标体系的构建，旅游发展资源参考了刘安乐等（2020）和孙剑锋等（2019）的研究，旅游发展规模参考了赵书虹和陈婷婷（2020b）的研究。初步构建的评价指标体系经过相关领域专家的修改和完善，得到最终构建的文化资源与旅游产业发展评价指标体系，指标体系层次结构如图5-2所示。

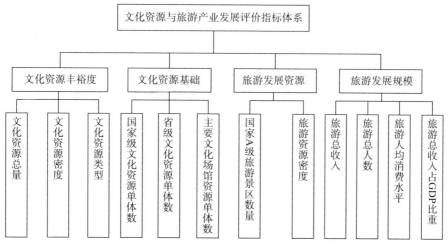

图5-2　文化资源与旅游产业发展评价指标体系层次结构

文化资源禀赋评价指标选取文化资源丰裕度和文化资源基础作为一级评价指标。其中，文化资源丰裕度由文化资源总量、文化资源密度、文化资源类型三个二级指标构成。文化资源基础由国家级文化资源单体数、省级文化资源单体数和主要文化场馆资源单体数三个二级指标构成。

旅游发展水平评价指标选取旅游发展资源、旅游发展规模作为一级评价指标。其中，旅游发展资源由国家A级旅游景区数量、旅游资源密度两个二级指标构成。旅游发展规模由旅游总收入、旅游总人数、旅游人均消费水平、旅游总收入占GDP比重四个二级指标构成。

文化资源与旅游产业发展评价指标体系如表5-1所示。

表 5-1　文化资源与旅游产业发展评价指标体系

项目	一级指标	二级指标
A1 文化资源禀赋	B1 文化资源丰裕度	C1 文化资源总量
		C2 文化资源密度
		C3 文化资源类型
	B2 文化资源基础	C4 国家级文化资源单体数
		C5 省级文化资源单体数
		C6 主要文化场馆资源单体数
A2 旅游发展水平	B3 旅游发展资源	T1 国家 A 级旅游景区数量
		T2 旅游资源密度
	B4 旅游发展规模	T3 旅游总收入
		T4 旅游总人数
		T5 旅游人均消费水平
		T6 旅游总收入占 GDP 比重

（二）评价指标解释及指标值

文化资源总量由各类文化资源单体数进行累加得到，即国家级和省级非物质文化遗产资源、国家级和省级重点文物保护单位以及主要文化场馆资源单体数的累加；文化资源密度由各区域的文化资源总量与各行政区域面积的比值得到；文化资源类型由各区域包含的文化资源种类数量累加计算。

国家级文化资源单体数由国家级非物质文化遗产资源和国家级重点文物保护单位单体数累加取得；省级文化资源单体数由省级非物质文化遗产资源和省级重点文物保护单位单体数累加取得；主要文化场馆资源单体数由各区域的博物馆、文化馆、美术馆和演出场馆单体数累加取得。

2018 年文化资源禀赋评价指标值如表 5-2 所示。

表 5-2　2018 年文化资源禀赋评价指标值

区划	C1 文化资源总量（个）	C2 文化资源密度	C3 文化资源类型（种）	C4 国家级文化资源单体数（个）	C5 省级文化资源单体数（个）	C6 主要文化场馆资源单体数（个）
长春市	147	0.0071	8	14	96	37
吉林市	163	0.0060	8	21	109	33
四平市	94	0.0067	6	11	71	12
辽源市	45	0.0088	6	1	33	11
通化市	96	0.0062	8	18	59	19
白山市	72	0.0041	7	7	38	27
松原市	79	0.0036	6	15	50	14
白城市	70	0.0027	7	4	51	15
延边朝鲜族自治州	161	0.0038	8	26	114	21

国家 A 级旅游景区数量由各区域国家级 5A 级、4A 级、3A 级、2A 级、1A 级旅游景区单体数累加取得；旅游资源密度由各区域的国家 A 级旅游景区数量与各行政区域面积的比值得到。

旅游总收入为区域内旅游所产生的年经济收入；旅游总人数为区域内年游客数量；旅游人均消费水平为区域内同年旅游总收入与同年旅游总人数的比值求得；旅游总收入占 GDP 比重由同年区域内旅游产生的总收入占区域 GDP 的比重求得。

2018 年旅游发展水平评价指标值如表 5-3 所示。

表 5-3　2018 年旅游发展水平评价指标值

区划	T1 国家 A 级旅游景区数量（个）	T2 旅游资源密度	T3 旅游总收入（亿元）	T4 旅游总人数（万人次）	T5 旅游人均消费水平（元）	T6 旅游总收入占 GDP 比重（%）
长春市	38	0.00180	1903.54	8988.45	2117.76	29.15

续表

区划	T1 国家A级旅游景区数量（个）	T2 旅游资源密度	T3 旅游总收入（亿元）	T4 旅游总人数（万人次）	T5 旅游人均消费水平（元）	T6 旅游总收入占GDP比重（%）
吉林市	27	0.00100	1004.06	5946.01	1688.63	43.60
四平市	10	0.00071	76.59	472.56	1620.75	6.23
辽源市	15	0.00292	60.66	346.35	1751.41	7.86
通化市	44	0.00282	251.14	1470.39	1707.98	27.61
白山市	28	0.00160	190.96	1197.26	1594.98	27.07
松原市	13	0.00059	165.07	820.08	2012.85	10.07
白城市	13	0.00050	86.71	487.28	1779.47	12.23
延边朝鲜族自治州	43	0.00101	472.13	2428.02	1944.51	50.90

（三）评价指标数据来源

由于新冠疫情对国内各省份旅游产业造成了影响，2019～2020年统计数据无法真实反映文化与旅游产业的正常发展情况，因此本书选取 2018 年吉林省文化与旅游产业相关统计数据进行分析。根据构建的文化资源禀赋评价指标体系和旅游发展水平评价指标体系，选取吉林省 8 个地级市和 1 个自治州 2018 年数据作为研究样本。文化资源总量、省级文化资源单体数、主要文化场馆资源单体数等指标数据均来源于吉林省文化和旅游厅官网公布的统计数据，国家级文化资源单体数来源于中华人民共和国文化和旅游部官网公布的统计数据。吉林省国家 A 级旅游景区数量主要参考《中国旅游统计年鉴》，旅游总收入、旅游总人数、旅游人均消费水平、旅游总收入占GDP 比重等指标以各地市（州）统计年鉴为主要来源。

（四）文化资源与旅游产业发展水平权重测度

本书采用熵值法确定指标权重。熵值是一种物理计量单位，在信息论中是对信息不确定的一种度量（徐飞和李彬，2021）。当系统中包含的信息量越多，系统的不确定性越低时，熵值越小，数据混乱程度越低，权重越大；反之，当系统中包含的信息量越少，系统的不确定性越高时，熵值越大，数据的混乱程度越高，权重越低（刘成昆和陈致远，2019）。熵值法是结合熵值提供的信息值来确定权重的一种研究方法。熵值法计算指标权重，可充分保证权重确定的科学性和客观性，有效减少主观误差（赵书虹和陈婷婷，2020b）。

熵值法步骤参考乔家君（2004）、徐飞和李彬（2021）的研究，具体如下。

1. 建立初始数据矩阵

设有 m 个评价指标，n 组数据，形成原始指标数据矩阵 X：

$$X = (X_{ij})_{n \times m} = \begin{pmatrix} X_{11} & X_{12} & \cdots & X_{1n} \\ X_{21} & X_{22} & \cdots & X_{2n} \\ \vdots & \vdots & & \vdots \\ X_{m1} & X_{m2} & \cdots & X_{mn} \end{pmatrix} \tag{5-1}$$

其中，$i = 1, 2, \cdots, n$；$j = 1, 2, \cdots, m$。

2. 数据的无量纲化处理

在文化资源与旅游产业发展的评价指标中，所使用指标数据度量单位不同，各指标之间无法直接相互比较，需要将指标数据进行无量纲化处理，实现标准化，即将评价指标数据转换为没有单位的相对量。

假设指标数据标准化后的值为 Y。

当 X_{ij} 为正向指标时，数据无量纲化处理的公式为：

$$Y_{ij} = \frac{X_{ij} - \min(X_i)}{\max(X_i) - \min(X_i)} \tag{5-2}$$

当 X_{ij} 为负向指标时，数据无量纲化处理的公式为：

$$Y_{ij} = \frac{\max(X_i) - X_{ij}}{\max(X_i) - \min(X_i)} \tag{5-3}$$

本书评价指标均为正向指标，完成指标数据标准化转换后，参考徐飞和李彬（2021）的方法，为了使所有的数据都有意义，对数据进行了非负化处理，在所得的标准化数据后加上 0.01。

2018 年评价指标进行无量纲化处理后得到表 5-4。

表 5-4　2018 年评价指标无量纲化处理结果

区划	C1	C2	C3	C4	C5	C6	T1	T2	T3	T4	T5	T6
长春市	0.8744	0.7313	1.0100	0.5300	0.7878	1.0100	0.8335	0.5472	1.0100	1.0100	1.0100	0.5231
吉林市	1.0100	0.5510	1.0100	0.8100	0.9483	0.8562	0.5100	0.2166	0.5219	0.6580	0.1891	0.8466
四平市	0.4253	0.6657	0.0100	0.4100	0.4791	0.0485	0.0100	0.0968	0.0186	0.0246	0.0593	0.0100
辽源市	0.0100	1.0100	0.0100	0.0100	0.0100	0.0100	0.1571	1.0100	0.0100	0.0100	0.3092	0.0465
通化市	0.4422	0.5838	1.0100	0.6900	0.3310	0.3177	1.0100	0.9687	0.1134	0.1401	0.2262	0.4886
白山市	0.2388	0.2395	0.5100	0.2500	0.0717	0.6254	0.5394	0.4645	0.0807	0.1085	0.0100	0.4765
松原市	0.2981	0.1575	0.0100	0.5700	0.2199	0.1254	0.0982	0.0472	0.0667	0.0648	0.8093	0.0960
白城市	0.2219	0.0100	0.5100	0.1300	0.2322	0.1638	0.0982	0.0100	0.0241	0.0263	0.3629	0.1443
延边朝鲜族自治州	0.9931	0.1903	1.0100	1.0100	1.0100	0.3946	0.9806	0.2207	0.2333	0.2509	0.6786	1.0100

3. 对无量纲化处理后数据的比重进行计算

对无量纲化处理后第 j 项指标在第 i 组数据的比重进行计算，具体公式如下：

$$p_{ij} = \frac{Y_{ij}}{\sum_{i=1}^{n} Y_{ij}} \tag{5-4}$$

4. 求各指标的信息熵

具体公式如下：

$$e_j = -\ln(n)^{-1} \sum_{i=1}^{n} p_{ij} \ln p_{ij} \tag{5-5}$$

5. 计算各指标的权重

信息效用的计算公式如下：

$$d_j = 1 - e_j \tag{5-6}$$

指标权重的计算公式如下：

$$w_j = \frac{d_j}{\sum\limits_{j=1}^{m} d_j} \tag{5-7}$$

采用熵值法计算得到的各个指标的权重如表 5-5 所示。

表 5-5　熵值法计算权重结果汇总

指标	信息熵 e	信息效用 d	权重 w
C1	0.9643	0.0357	0.1506
C2	0.9723	0.0277	0.1168
C3	0.9965	0.0035	0.0147
C4	0.9079	0.0921	0.3890
C5	0.9611	0.0389	0.1641
C6	0.9610	0.0390	0.1648
T1	0.9420	0.0580	0.0768
T2	0.9206	0.0794	0.1052
T3	0.7261	0.2739	0.3629
T4	0.7519	0.2481	0.3288
T5	0.9980	0.0020	0.0027
T6	0.9063	0.0937	0.1241

（五）文化资源与旅游产业综合发展水平

根据表 5-5 计算结果，对数据进行加权即可得到文化资源与旅游产业综合发展水平得分，计算公式如下：

$$s_i = \sum_{j=1}^{m} w_j \cdot p_{ij} \tag{5-8}$$

2018 年吉林省文化资源禀赋和旅游发展水平综合评价计算结果如表 5-6 所示。

表 5-6　2018 年吉林省文化资源禀赋和旅游发展水平综合评价计算结果

区 划	文化资源禀赋评价值	旅游发展水平评价值
长春市	0.7338	0.8873
吉林市	0.8431	0.5730
四平市	0.3881	0.0272
辽源市	0.1268	0.1317
通化市	0.5247	0.3273
白山市	0.2835	0.2141
松原市	0.3419	0.0720
白城市	0.1578	0.0448
延边朝鲜族自治州	0.8103	0.3923

2018 年吉林省文化资源禀赋和旅游发展水平综合评价对比如图 5-3 所示。

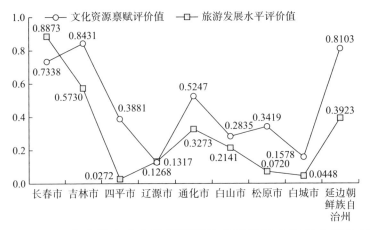

图 5-3　2018 年吉林省文化资源禀赋和旅游发展水平综合评价对比

第三节　吉林省文化资源与旅游产业发展耦合度和同步性测评

根据系统论的知识，将文化与旅游看作两个独立系统，运用耦合理论，构建耦合度模型、耦合协调度模型、同步性（优先度）模型。

一　文化资源与旅游产业发展耦合协调度测评

（一）耦合度测算

耦合度是物理学中的概念，后期引入经济学中，用以测度两个或多个互相联系、互相影响的系统之间建立动态关联的稳定状态。文化资源与旅游产业发展之间相互作用、相互联系、彼此影响，形成了文化与旅游产业之间的协同发展，因此本书构建的耦合度模型如下：

$$C = 2\sqrt{\frac{f(x) \times g(x)}{[f(x) + g(x)]^2}} \tag{5-9}$$

C 为耦合度，$f(x)$ 是文化资源综合发展水平得分，$g(x)$ 是旅游产业综合发展水平得分，经过计算耦合度 C 值见表 5-9，耦合度等级标准划分见表 5-7（徐飞和李彬，2021）。

表 5-7　耦合度等级划分标准

耦合度 C 值区间	耦合等级
[0.0，0.4)	低度耦合
[0.4，0.7)	中度耦合
[0.7，1.0]	高度耦合

（二）耦合协调度测评

耦合度反映了两个系统之间融合度的高低，但单纯用耦合度去判定两个系统之间的融合度是不准确的。耦合度高并不意味着两个系统之间的融合度高，也有可能是两个产业的综合发展水平都很低的时候，耦合度也会很高。因此在上述研究基础上引入耦合协调度模型来客观反映文化资源与旅游产业的耦合关系。公式如下：

$$D = (C \times T)^{\frac{1}{2}}, T = af(x) + bg(x) \tag{5-10}$$

其中，D 是耦合协调度，C 是耦合度，T 是文化系统与旅游系统评价指数之和，a 和 b 为反映文化与旅游关系的待定系数，考虑到文化资源只是影响旅游产业发展的其中一个关键因素，因此本书参考孙剑锋等（2019）的方法，将 a 和 b 分别赋值为 0.4 和 0.6，耦合协调度 D 值见表 5-9。

耦合协调度等级划分标准如表 5-8 所示。

表 5-8　耦合协调度等级划分标准

耦合协调度 D 值区间	协调等级	耦合协调程度
(0.0, 0.1)	1	极度失调
[0.1, 0.2)	2	严重失调
[0.2, 0.3)	3	中度失调
[0.3, 0.4)	4	轻度失调
[0.4, 0.5)	5	濒临失调
[0.5, 0.6)	6	勉强协调
[0.6, 0.7)	7	初级协调
[0.7, 0.8)	8	中级协调
[0.8, 0.9)	9	良好协调
[0.9, 1.0)	10	优质协调

表 5-9　耦合协调度计算结果

区划	耦合度 C 值	协调指数 T 值	耦合协调度 D 值	协调等级	耦合协调 程度
长春市	0.970	0.826	0.895	9	良好协调
吉林市	0.888	0.681	0.778	8	中级协调
四平市	0.354	0.172	0.246	3	中度失调
辽源市	0.192	0.130	0.158	2	严重失调
通化市	0.802	0.406	0.571	6	勉强协调
白山市	0.655	0.242	0.398	4	轻度失调
松原市	0.575	0.180	0.322	4	轻度失调
白城市	0.541	0.090	0.221	3	中度失调
延边朝鲜族自治州	0.818	0.560	0.677	7	初级协调

二　文化资源与旅游产业发展同步性测评

同步性是对文化资源和旅游产业发展相对关系进行的评价（徐飞和李彬，2021）。在部分文献中也将其定义为优先度测评（孙剑锋等，2019）。本书参考徐飞和李彬（2021）的研究方法，对吉林省文化资源与旅游产业发展相对关系进行评价。同步性计算公式如下：

$$\rho = f(x)/g(x) \tag{5-11}$$

ρ 是同步性，$f(x)$ 是文化资源综合发展水平得分，$g(x)$ 是旅游产业综合发展水平得分。同步性划分标准如表 5-10 所示。

表 5-10　同步性划分标准

同步性 ρ 值区间	$f(x)$ 与 $g(x)$ 的关系	同步性评价
$[0, 0.9)$	$f(x) < g(x)$	旅游相对优先、文化相对滞后
$[0.9, 1.1)$	$f(x) \approx g(x)$	文化旅游相对同步发展
$[1.1, +\infty)$	$f(x) > g(x)$	文化相对优先、旅游相对滞后

通过对吉林省文化资源和旅游产业发展同步性进行测算，并对照表5-10确定同步性评价类型，得到的结果如表5-11所示。

表5-11　吉林省文化资源和旅游产业发展同步性测算结果

区划	同步性ρ值	同步性评价
长春市	0.827	旅游相对优先、文化相对滞后
吉林市	1.471	文化相对优先、旅游相对滞后
四平市	14.268	文化相对优先、旅游相对滞后
辽源市	0.963	文化旅游相对同步发展
通化市	1.603	文化相对优先、旅游相对滞后
白山市	1.324	文化相对优先、旅游相对滞后
松原市	4.749	文化相对优先、旅游相对滞后
白城市	3.522	文化相对优先、旅游相对滞后
延边朝鲜族自治州	2.066	文化相对优先、旅游相对滞后

第四节　吉林省文化资源与旅游产业发展空间特征分析

一　吉林省文化资源禀赋与旅游发展水平空间特征分析

通过吉林省文化资源禀赋和旅游发展水平评价指标体系的构建和综合发展水平的测度，得到表5-6文化资源禀赋和旅游发展水平综合评价计算结果，将表5-6中的文化资源禀赋评价值和旅游发展水平评价值输入ArcGIS 10.0软件中，运用自然断裂法，将吉林省9个城市按照两个系统均划分为4个等级，包括优、较优、中等、低，得到表5-12。

表5-12　吉林省文化资源禀赋与旅游发展水平评价等级分布

评价系统	等级	城市
文化资源禀赋	优	长春市、吉林市、延边朝鲜族自治州
	较优	通化市
	中等	四平市、白山市、松原市
	低	辽源市、白城市
旅游发展水平	优	长春市、吉林市
	较优	延边朝鲜族自治州、通化市
	中等	白山市
	低	四平市、松原市、白城市、辽源市

（一）文化资源禀赋空间特征分析

从各城市文化资源禀赋评价值来看，长春市、吉林市、延边朝鲜族自治州的文化资源禀赋评价得分较高，通化市紧随其后，均属于文化资源禀赋条件比较优势的地区，四平市、白山市、松原市的文化资源禀赋处于中等水平，辽源市和白城市的文化资源禀赋相对较低，文化资源相对匮乏。从区域上看，吉林省文化资源集聚效应比较明显，基本形成了以吉林市为中心，长春市和延边朝鲜族自治州相贯通的文化资源禀赋分布优势带，在文化资源总量、文化资源类型、国家级和省级文化资源单体数、主要文化场馆资源单体数等方面都处于优势地位，其他城市相对处于边缘位置，文化资源优势相对不明显。

（二）旅游发展水平空间特征分析

根据吉林省各城市旅游发展水平评价值来看，吉林省旅游发展水平极不平衡，城市之间旅游发展水平差距显著。其中长春市和吉林市依托良好的区域位置和旅游资源禀赋，旅游发展水平处于优势地位，远高于其他城市；延边朝鲜族自治州和通化市旅游发展水平相对次之，但依托其特色旅游资源禀赋，旅游发展处于相对较高的水平；旅游发展处于中等水平的主要有白山市，有待进一步提高；四平市、松原市、白城市、辽源市旅游发展水平与其他各城市相比差距较为明显。旅游发展水平的空间分布差异显著，与各城市旅游资源密度、旅游景区知名度紧密相关，同时各城市地理位置、城市交通设施等发展情况也是重要影响因素。

从吉林省文化资源禀赋和旅游发展水平空间特征来看，吉林省文化和旅游资源主要向省会长春市及吉林市、通化市、延边朝鲜族自治州聚集，区域聚集性显著。

二 吉林省文化资源与旅游产业发展空间特征分析

通过吉林省文化资源与旅游产业发展耦合协调度、同步性的测评，得到表5-9耦合协调度计算结果和表5-11同步性测算结果。将其按照分级标准进行分类，对耦合协调程度和同步性评价的空间特征展开具体分析。

（一）文旅耦合协调度空间特征分析

吉林省文旅耦合协调度计算结果表5-9显示，吉林省各城市耦合协调程度差异性特征显著。省会长春市文化旅游具有良好的耦合协调程度，吉林市处于中级协调水平，延边朝鲜族自治州和通化市分别处于初级协调和勉强协调的水平；其余城市处于失调的状态，白山市和松原市的耦合协调程度为轻度失调，四平市和白城市为中度失调，辽源市为严重失调。从空间特征来看，吉林省文旅耦合协调程度较好的长春市、吉林市、延边朝鲜族自治州、通化市四个城市仍然体现出明显的区域聚集性，基本形成以长春市和吉林市为核心的优势区、以通化市和延边朝鲜族自治州为潜力区的分布趋势，其他城市的文旅融合耦合协调度有待提升。

（二）文旅协调发展同步性空间特征分析

同步性（优先度）是文化资源和旅游产业发展相对关系的评价

（徐飞和李彬，2021），即对区域旅游经济相对于文化资源禀赋超前或滞后发展进行度量。根据表5-11吉林省文化资源和旅游产业发展同步性测算结果，长春市是吉林省唯一旅游相对优先、文化相对滞后的城市，辽源市文化旅游相对同步发展，吉林市、四平市、通化市、白山市、松原市、白城市、延边朝鲜族自治州文化相对优先、旅游相对滞后。

同步性是一种文化资源与旅游产业发展的相对比较，要结合文化资源禀赋和旅游发展水平综合评价计算结果进行具体分析。根据同步性测算结果表5-11，辽源市文化旅游相对同步发展主要源于其文化资源禀赋和旅游发展水平评价值均较低，分别为0.1268和0.1317，因此文化旅游发展同步性呈现相对同步状态；长春市的同步性测算结果显示旅游相对优先、文化相对滞后，结合文化资源禀赋和旅游发展水平综合评价计算结果来看，其文化资源禀赋评价值为0.7338，旅游发展水平评价值为0.8873，文化资源禀赋和旅游发展水平均相对较高，综合发展评价较好，但与其旅游发展水平相比，文化资源禀赋潜力较大；其余城市同步性测算结果显示文化相对优先、旅游相对滞后，结合文化资源禀赋和旅游发展水平综合评价计算结果来看，情况各异，后续将在下一小节展开具体分析。

第五节　吉林省文化与旅游区域发展特点及优化策略

依据文化资源与旅游产业发展耦合协调度测算结果，参考孙剑锋等（2019）的研究方法，将耦合协调度测量值≥0.5划分为协调性显著城市，将耦合协调度测量值<0.5划分为协调性不显著城市，再按照各城市同步性评价类型，将吉林省9个城市划分为4种类型，即耦合协调度显著-旅游相对优先、文化相对滞后，耦合协调度显著-文化相对优先、旅游相对滞后，耦合协调度不显著-文化旅游相

对同步发展，耦合协调度不显著-文化相对优先、旅游相对滞后，具体如表 5-13 所示。综合各城市文化旅游发展耦合协调度、同步性测评以及文化资源禀赋和旅游发展水平综合评价计算结果，归纳总结各城市文化旅游发展现状和特点，尝试提出吉林省各城市区域内文化旅游协调发展优化策略。

表 5-13 吉林省文化旅游发展类型划分

协调水平-同步性评价分类	城市
耦合协调度显著-旅游相对优先、文化相对滞后 （简称：显著-旅游相对优先）	长春市
耦合协调度显著-文化相对优先、旅游相对滞后 （简称：显著-文化相对优先）	吉林市、通化市、 延边朝鲜族自治州
耦合协调度不显著-文化旅游相对同步发展 （简称：不显著-文化旅游相对同步）	辽源市
耦合协调度不显著-文化相对优先、旅游相对滞后 （简称：不显著-文化相对优先）	四平市、白山市、松原市、 白城市

一 显著-旅游相对优先区域优化策略

耦合协调度显著-旅游相对优先、文化相对滞后城市为长春市。

长春市文化资源禀赋评价值为 0.7338，仅低于吉林市和延边朝鲜族自治州，文化资源禀赋评价分布图显示处于优等级；旅游发展水平评价值为 0.8873，旅游发展水平评价分布图显示处于优等级；耦合协调程度为良好协调。文化资源和旅游产业发展同步性测算结果显示，长春市旅游发展相对优先于文化资源发展。数据表明，长春市虽然文化资源总量比较多，但缺乏高品质的文化资源，高端的文化旅游产品开发滞后于旅游发展水平；旅游发展水平虽相对优先于文化资源发展水平，但国家 A 级旅游景区数量处于省内中上等水平，自然旅游资源相对匮乏；旅游总收入、旅游总人数、旅游人均消费水平相对高于省内其他城市，表明长春市作为省会城市，人群集聚效应显著。

在长春市文化旅游协调发展进程中，要充分发挥东北地域特色优势和省会城市人群集聚效应优势，加快推进文化产业与旅游产业深度融合，立足现有旅游市场，深入挖掘并精心包装现有特色文化资源，开发针对不同层次消费者的文旅产品，打造文化旅游品牌，开拓文化资源中的旅游价值，提升旅游发展中的文化氛围。其一，应立足现有旅游市场，树立城市文化旅游品牌，发挥长春"汽车城""电影城""科教文化城""雕塑城"等文化资源优势，持续开发挖掘地域文化、传统文化，将历史古迹、文化遗产等文化资源精心包装，开发创新文化旅游产品，打造高端文化旅游品牌，提高传统文化旅游产品知名度；其二，应用现代信息技术武装文化旅游产品，推进旅游景区内容和旅游文艺表演形式创新和文化创意，将高科技技术与地方特色文化旅游产品相结合，提高游客体验价值，促进文旅消费；其三，应发挥东北老工业基地地域特色优势，开发工业旅游项目，建立工业博物馆、工业旅游园区等，实现产业融合发展；其四，应持续开发节庆会展文化旅游，加大宣传力度，将中国长春电影节、瓦萨滑雪节、中国（长春）国际汽车博览会、中国长春国际农业·食品博览（交易）会、中国（长春）民间艺术博览会、中国长春世界雕塑大会、中国—东北亚博览会等节庆会展打造成世界知名节庆会展活动，创新节庆会展文化旅游项目，为吉林省文化旅游消费引流；其五，应发挥东北乡村地域优势，开发乡村文化旅游资源，拓展特色乡村文化旅游，创新乡村文化旅游服务项目，树立乡村文化旅游品牌；其六，应发挥省会城市现代化都市优势，深入挖掘城市文化内容和形式，展示现代都市特色，传播城市文化内涵创意，打造体验性文化旅游产品和研学旅行基地。

二 显著-文化相对优先区域优化策略

耦合协调度显著-文化相对优先、旅游相对滞后区域城市主要有吉林市、通化市、延边朝鲜族自治州。

吉林市文化资源禀赋评价值为 0.8431，文化资源禀赋评价分布图显示处于优等级；旅游发展水平评价值为 0.5730，仅低于省会长春市，旅游发展水平评价分布图显示处于优等级；耦合协调程度为中级协调。文化资源和旅游产业发展同步性测算结果显示，吉林市文化资源发展相对优先于旅游发展。数据表明，虽然吉林市旅游资源特色显著，但旅游发展相对滞后于文化资源发展，需持续立足于现有文化资源禀赋，开发创新旅游产品，增加旅游服务类型，完善"文旅融合"发展产业链。在吉林市文化旅游协调发展进程中，其一，应充分发挥冰雪旅游优势，加大季节性旅游宣传力度，打造吉林市雾凇奇观地域文化旅游品牌，扩展冰雪特色旅游服务，紧跟时代潮流，以高科技信息技术创新冰雪特色旅游项目；其二，应持续推进吉林市特色文化庆典旅游活动，如吉林松花江开江鱼美食节、吉林松花湖休闲度假旅游节、吉林市松花江河灯文化节等，发挥地域文化特长，加强优势文化资源统筹和规划，创新开发旅游产品，形成优势互补的旅游产业体系；其三，应立足现有民族特色优势文化资源，创建以萨满文化、乌拉街风情等特色民族文化旅游街区，创新民族文化旅游产品，促进民族文化旅游消费；其四，应加大自然旅游资源宣传力度，吉林市自然旅游资源丰富，松花江、朱雀山、龙潭山等自然景观风景优美，立足自然资源优势，丰富其文化内涵，加强旅游宣传促销，创新宣传推介形式；其五，应充分发挥宗教信仰文化旅游优势，以中国四大文庙之一的吉林文庙和佛、道、儒三教汇聚的北山古庙群为宗教文化旅游中心，扩展宗教信仰文化旅游外延服务。

　　通化市文化资源禀赋评价值为 0.5247，文化资源禀赋评价分布图显示处于较优等级；旅游发展水平评价值为 0.3273，旅游发展水平评价分布图显示处于较优等级；耦合协调程度为勉强协调。文化资源和旅游产业发展同步性测算结果显示，通化市文化资源发展相对优先于旅游发展。数据表明，虽然通化市旅游资源景区总量较多，但从旅游总人数、旅游总收入上看明显低于长春市和吉林市，区域内旅游资源开发比较完善，但旅游资源内部发展水平不均，品牌旅游资源数量处于一般水平，中等水平旅游资源较多，旅游产业规模受限，仍需加强现有文化与旅游资源的深度融合，持续开发创新高端文化旅游产品。在通化市文化旅游协调发展进程中，其一，应立足现有优势历史文化资源，加大高句丽文化、萨满文化宣传力度，深度融合遗迹遗址旅游资源，提升历史文化旅游资源知名度和吸引力；其二，应整合自然文化旅游资源，打造地域自然风光旅游景观特色，加强五女峰、石湖、三角龙湾、罗通山等知名自然旅游景点品牌建设，融合历史文化特色内容，提升宣传力度；其三，应充分利用地域优势，开发边境特色旅游，发挥鸭绿江风景名胜景区带动效应，打造一览两国风光的特色文化旅游景区带；其四，应发挥"中国最具特色红色研学旅行目的地"通化的红色旅游资源优势，深度挖掘梳理红色历史文化内涵，重视红色资源的保护和传承，持续开发"重走抗联路"等红色教育项目，规划、引导、完善区域红色文化旅游格局；其五，应发挥通化"关东三宝"故乡、中国"五大药库"之一、"中国葡萄酒之乡"得天独厚特产资源的优势，以特产文化引领节庆会展文化旅游项目，打造特色文化旅游品牌。

　　延边朝鲜族自治州文化资源禀赋评价值为 0.8103，文化资源禀赋评价分布图显示处于优等级；旅游发展水平评价值为 0.3923，旅游发展水平评价分布图显示处于较优等级；耦合协调程度为初级协调。文化资源和旅游产业发展同步性测算结果显示，延边朝鲜族自治州文化资源发展相对优先于旅游发展。数据表明，延边朝鲜族自治州旅游资源景区总量较多，仅低于通化市，但从旅游总人数、旅游总收入上看明显低于长春市和吉林市，文化资源总量较多，文化旅游发展潜力巨大。从地域特征来看，延边朝鲜族自治州地处中朝边境，是中国唯一的朝鲜族自治州和最大的朝鲜族聚居地区，有着丰富的民族民俗文化资源，文化旅游资源特色显著，但存在着旅游资源分布分散、品牌旅游资源数量不足、文化旅游资源缺乏有效整合、开发层次不高等问题，需持续发挥文化资源禀赋优势，创造高知名度和高吸引力的文化旅游产品，推动旅游业态发展。在延边朝鲜族自治州文化旅游协调发展进程中，其一，应重点开发民族文化、民俗风情文化旅游产品，打造民俗文化村镇、民族文化园区、民俗文化演艺馆、民族非物质文化遗产展馆等品牌民族民俗特色旅游景区，以精品化、系列化、多样化方式展示民族民俗特色文化，打造全国知名民族民俗文化旅游品牌；其二，应有效整合文化旅游资源，拓展并融合发展边境文化旅游、冰雪旅游、自然风景旅游、民俗文化旅游项目，丰富旅游项目文化内涵，提升文化旅游产品知名度，开发特色融合型文化旅游产品，打造重点文化旅游城市；其三，应策划特色文化旅游节庆活动，持续开展延边食运会、金达莱旅游文化节、老里克湖赏雪节、珲春中俄朝新年祈福节等特色节庆活动，打造品牌文化旅游节庆活动，加大文化旅游宣传力度。

耦合协调度显著-文化相对优先、旅游相对滞后区域城市，要进一步围绕当地特色文化和旅游资源，优化文化旅游空间布局，有序开发区域内旅游度假村、乡村旅游、特色文旅小镇、民俗村等文化旅游资源，包装地域文化旅游资源，丰富旅游产业体系；加强地域文化旅游宣传，将文化要素与旅游产品、旅游体验、旅游品牌建设和旅游宣传深度融合，提升区域文化旅游的知名度和吸引力。

三　不显著-文化旅游相对同步区域优化策略

耦合协调度不显著-文化旅游相对同步发展城市主要有辽源市。

辽源市文化资源禀赋评价值为 0.1268，文化资源禀赋评价分布图显示处于低等级；旅游发展水平评价值为 0.1317，旅游发展水平评价分布图显示处于低等级；耦合协调程度为严重失调。文化资源和旅游产业发展同步性测算结果显示，辽源市文化旅游处于相对同步发展状态。数据表明，辽源市文化资源发展和旅游发展均处于较低水平，因此文化旅游发展同步性呈现相对同步状态，区域内缺少高知名度文化旅游资源，冰雪旅游、红色旅游虽有发展，但与吉林省内其他旅游强市相比，缺乏竞争力，旅游业规模不大，文化旅游发展在省内的存在感弱。在辽源市文化旅游协调发展进程中，其一，应立足区域经济发展实际，结合旅游消费市场需求，统筹开发区域文化旅游资源，通过政策扶持、企业投资、项目带动等措施，完善文化旅游产业体系，优化文化旅游产业空间布局，逐步丰富文化旅游产品；其二，应完善现有文化旅游资源，融合区域特色，依托矿山、鹿乡文化等特色区域资源，打造知名文化旅游品牌，提高文化旅游竞争力；其三，应丰富生态农村旅游板块内容，融合田园风光、健康食品、果蔬采摘等休闲文化旅游项目，创造休闲度假旅游产品，打造乡村游、农家乐等乡村生态旅游服务项目；其四，应发展辽源特色关东风俗文化，建设非物质文化馆、文化基地，传承关东农民画、东北二人转、剪纸等非物质文化遗产，丰富文化旅游项目；其五，应发挥区域特色优势，依托"皇家围场"旅游资源，打造满族皇家特色旅游项目、传统满族文化体验项目等，创新特色文化旅游品牌。

四　不显著-文化相对优先区域优化策略

耦合协调度不显著-文化相对优先、旅游相对滞后区域城市主要有四平市、白山市、松原市、白城市。

　　四平市文化资源禀赋评价值为 0.3881，文化资源禀赋评价分布图显示处于中等等级；旅游发展水平评价值为 0.0272，旅游发展水平评价分布图显示处于低等级；耦合协调程度为中度失调。文化资源和旅游产业发展同步性测算结果显示，四平市文化资源发展相对优先于旅游发展。数据表明，四平市同步性测度值较高，旅游发展与文化资源发展差距较大，区域内自然旅游资源比较匮乏，旅游资源竞争优势不强，文化资源优势作用发挥不显著，文化旅游发展缺乏核心竞争力。在四平市文化旅游协调发展进程中，其一，应持续发挥红色资源优势，深度挖掘红色资源，做大做强红色文化旅游项目，树立红色文化旅游品牌，建立红色教育、红色研学基地，打造红色地标城市；其二，应充分利用昭苏城遗址、大青山村文化遗址、叶赫那拉城遗址等遗迹遗址资源，开发建设知名度高、吸引力强的遗迹遗址类文化旅游项目，发展特色遗迹遗址文化旅游；其三，应加强自然资源旅游项目和文化旅游项目的开发，融合节庆会展文化旅游、乡村特色文化旅游等，促进文化旅游产业的繁荣和发展。

　　白山市文化资源禀赋评价值为 0.2835，文化资源禀赋评价分布图显示处于中等等级；旅游发展水平评价值为 0.2141，旅游发展水平评价分布图显示处于中等等级；耦合协调程度为轻度失调。文化资源和旅游产业发展同步性测算结果显示，白山市文化资源发展相对优先于旅游发展。数据表明，白山市旅游发展与文化资源发展趋于同步发展，区域内自然旅游资源数量处于中等水平，旅游资源竞争优势较强，文化资源总量处于省内中等水平，区域文化资源整合与旅游产业管理稍显滞后。在白山市文化旅游协调发展进程中，其一，应保持自然观光旅游优势地位，发挥长白山天池著名旅游资源联动效应，扩展旅游资源外延服务，持续深入开发长白山溶洞、温泉、滑雪等旅游项目，丰富旅游产业文化内涵，弥补自然观光旅游的季节性缺陷；其二，应深入挖掘白山市历史文化、民族民俗文化、红色文化等资源，推动文化创意与相关产业有机融合，依托长白山天池著名旅游资源引流优势，推动文化旅游协同发展，提升区域内文化旅游消费；其三，应充分利用白山优质特产资源，包括人参、长白玉、松花石、紫砂、林产品等，深挖地域特产文化元素，拓展旅游外延服务，打造具有鲜明白山地域、民族特色的文化旅游产品。

松原市文化资源禀赋评价值为 0.3419，文化资源禀赋评价分布图显示处于中等等级；旅游发展水平评价值为 0.0720，旅游发展水平评价分布图显示处于低等级；耦合协调程度为轻度失调。文化资源和旅游产业发展同步性测算结果显示，松原市文化资源发展相对优先于旅游发展。数据表明，松原市区域内文化旅游资源质量优势不明显，查干湖景区旅游带动效应不显著，文化资源禀赋对旅游业发展支撑力度不足。在松原市文化旅游协调发展进程中，其一，应立足现有优势文化旅游资源，持续开发完善查干湖旅游景区，以松原市查干湖冬捕旅游节等节庆会展文化旅游项目为区域引流，加大宣传力度，打造区域文化旅游品牌，拓展关联文化旅游项目，建立文化旅游新业态；其二，应利用区域自然景观旅游资源优势，如科尔沁草原、龙凤山水库、宁江森林公园、狼牙坝自然景观等，深度开发文化旅游项目，加大宣传力度，打造精品旅游线路；其三，应深入挖掘辽金、满蒙、渔猎等历史性民族文化资源，推动满族新城戏、蒙古族歌舞传承创新，开展马头琴音乐等系列非遗展演，开发特色民族文化旅游项目；其四，应挖掘地域文化遗迹遗址，开发建设扶余大金碑、孝庄祖陵、塔虎城等历史文化景点，加大宣传力度，促进文化旅游消费。

白城市文化资源禀赋评价值为 0.1578，文化资源禀赋评价分布图显示处于低等级；旅游发展水平评价值为 0.0448，旅游发展水平评价分布图显示处于低等级；耦合协调程度为中度失调。文化资源和旅游产业发展同步性测算结果显示，白城市文化资源发展相对优先于旅游发展。数据表明，白城市文化旅游资源丰富度一般，质量优势不明显，缺少高吸引力和高知名度的文化旅游景点，与周边旅游城市相比缺乏竞争力。在白城市文化旅游协调发展进程中，其一，应持续加强自然保护区、湿地资源开发力度，将莫莫格国家级自然保护区、向海国家级自然保护区打造成区域标志性文化旅游项目，扩大文化旅游品牌建设和旅游宣传，提升自然保护区、湿地资源的核心竞争力；其二，应立足区域文化资源禀赋，发挥非物质文化遗产资源优势，开发特色非物质文化遗产资源旅游项目，如民间美术类，包括剪纸、年画、布贴画等，民间生产技艺类，包括柳编、酿造、食品制作、烘炉、挂马掌等，民间工艺类，包括根雕、刺绣、烫画等，民间文艺类，包括蒙古琴书、民间故事等，通过非物质文化遗产展、民族民俗文化展等展会活动，吸引游客前来游览观光，促进地方文化旅游经济发展。

根据上述分析研究，吉林省各城市文化旅游发展不均衡，城市间发展水平差距显著，存在旅游"集聚效应"。因此要结合各区域文化旅游特色，采用切实可行的文化旅游优化策略。

第六节　吉林省文化与旅游产业协调发展优化策略

结合近年来吉林省提出的"文旅强省"战略部署，文化和旅游部发布的《"十四五"文化和旅游市场发展规划》《"十四五"文化产业发展规划》等规划方案，进一步提出促进吉林省文化资源与旅游产业协调发展优化策略。

一　加大政策扶持，促进文旅融合发展

文化产业与旅游产业相互关联、相互渗透，是一个超综合性产

业，其融合发展需要政府政策的大力扶持。2020 年，吉林省发展和改革委员会全力助推全省文旅产业发展，从推进项目建设、完善交通配套、强化政策扶持和加强规划统筹等四个方面，为文旅产业高质量发展提供支持。加大政策扶持，促进文旅融合发展，具体可通过金融政策、财政政策、资源保护政策、公共服务政策等方面，大力支持文化旅游产业融合发展。在金融政策上，应支持文旅融合企业发展，在文旅项目互荐、消费升级、服务延伸等领域全面联动，携手探索"文旅＋金融"融合发展新路径；在财政政策上，可设置专项资金，优先支持文化旅游基础设施项目建设，扶持文旅企业发展，加大对省内文旅小镇、数字文创、乡村旅游、文创园区等领域建设的财政支持力度，助力建设省内知名文化旅游目的地；在资源保护政策上，坚持资源保护优先，开发利用传统村落、遗迹遗址等旅游资源，发展沿线旅游、博物馆旅游，升级文旅形态；在公共服务政策上，加快构建完善文化旅游服务体系，推进全省文化旅游公共服务提质升级，完善服务设施，不断提高旅游行业服务质量，营造主客共享的文化和旅游空间，推动全省文化旅游产业高质量发展。

二　突出区域优势，构建文旅融合发展新格局

突出吉林省各城市区域优势，持续提升冰雪旅游、避暑休闲旅游、乡村旅游、红色旅游、工业旅游、民俗旅游、节庆会展旅游等新产品新业态供给质量，深度挖掘特色文化旅游资源，重点开发综合度高、承载力强、互动性好、满足多元化需求的文旅产品，促使文化旅游业与科技、农业、工业等多行业相融相盛，丰富文化旅游新业态。紧密结合各城市地域特色，根据文化旅游资源聚集程度，全面优化省内旅游资源、功能旅游、旅游要素、基础设施和产业布局，统筹安排、合理规划，着力构建"全景式规划、全时段体验、

全业态融合、全要素集聚、全领域覆盖"具有吉林省特色的全域旅游。以 5A 级旅游景区为建设重点，发挥核心景区、龙头景区的辐射带动作用，拓展旅游业"点状辐射、双线串联、跨区融合"的发展空间，构建文旅融合新格局。通过全域旅游规划调整，有效疏解和减轻核心景点景区的承载压力，更好地保护核心资源和生态环境，实现设施、要素、功能在空间上的合理布局和优化配置。

三 依托科技力量，实现文旅融合可持续发展

随着电子信息技术的迅速发展，旅游景区、文化展馆等均引入了具有创意的数字技术工具，如 VR、AR 等，设计互动性强的游赏内容，为游客提供沉浸式的旅游体验，科技力量助力了文化旅游项目的信息化发展。近些年，在数字技术的蓬勃发展和快速驱动下，以提升旅游服务、改善旅游体验、创新旅游管理、优化旅游资源利用为目标的智慧旅游建设在各省份逐步推进。全力推进智慧旅游项目建设，亦是目前吉林省文化旅游发展的重要任务。智慧旅游可以理解为旅游信息化的高级阶段，即通过海量信息的充分利用、交流与共享，实现文旅服务与管理流程的无缝整合，实现服务与管理决策的科学化、合理化。依托科技力量，开发建设吉林省智慧文化旅游平台，为游客提供旅游信息、活动信息、景区展览介绍、在线查询等服务，全力建设吉林省区域内著名旅游景点的手机端智慧旅游服务，通过现代信息技术提升游客文化旅游体验和文化旅游品质感知，使游客从文化旅游信息获取、计划决策、产品选择、预订支付、游玩欣赏、回顾评价的整个过程中，感受到科技力量带来的全新服务体验，满足游客智能化、个性化、信息化的服务需求，实现文旅融合的可持续发展。

四 加大宣传力度，提升文旅影响力和知名度

细化吉林省各城市文化旅游资源特色，深挖文化底蕴，加大吉

林省文化旅游资源宣传力度，充分利用电视、报纸、广播等传统媒体和微博、微信、短视频、直播、门户网站等新媒体方式，全方位、多角度加大吉林省文化旅游宣传力度。采用季节性营销策略，利用吉林省四季分明的季节特点，春季、夏季、秋季以自然风景、度假休闲、民俗体验、节庆会展、季节清凉避暑为特色进行宣传，冬季以冰雪冰灯、雾凇奇观、冬捕滑雪、冰雪文化等为特色吸引游客；节庆假日开展文化节、民俗节、电影节、雾凇节、捕鱼节等著名节庆会展活动，加大文化旅游项目宣传力度，树立吉林省丰富多彩的特色文化旅游形象。采用品牌化营销策略，提升游客对吉林省文化旅游品牌认知，树立吉林省品牌文化旅游项目的社会公众形象，推进文化旅游项目口碑营销，鼓励游客分享、传递、传播文化旅游体验。组织本土作家、旅游爱好者、摄影爱好者、视频制作爱好者等创作群体开展各种类型创作活动，讴歌、书写省内丰富的原生态文化、厚重的红色文化，展示省内瑰丽秀美的自然风景和神秘特色的民俗风情，提升吉林省区域文化旅游影响力和知名度。

五　加强品牌建设，提升文化旅游整体竞争力

突出吉林省区域特色，深度挖掘文化旅游资源，紧密结合吉林省各城市特色，系统梳理现有历史资源，从地缘文化、地区民族融合演变进程、历史年代的宏大叙事等各方面设计精品旅游线路，打造特色历史文化旅游品牌。加快打造生态旅游、都市城郊旅游、乡村旅游、历史文化旅游、会展旅游、购物旅游等不同类型的旅游品牌，积极培育文化旅游新业态。开发针对不同消费群体、不同节点的精品旅游线路，鼓励支持开展旅游节、文化节、民俗节、冰雪节等品牌节庆活动，推行吉林省民族文化特色旅游新品牌。充分发挥各类博物馆、展览馆等公共文化资源作用，深入挖掘旅游产品的文化内涵，借助现代艺术手段，将厚重的文化资源转化为游客喜闻乐见的旅

游产品。重点开发大型旅游演艺精品等富有地方文化特色、雅俗共赏的娱乐节目。创新文化旅游活动，将参观、欣赏、娱乐、游艺、演艺、体验、餐饮、购物、互动等融于一体，构建"立体旅游"新模式，打造文化旅游品牌精品，拓展文旅消费市场，延长文化旅游产业链，促进文化旅游产业结构优化升级，提升文化旅游业整体竞争力。

第六章　研究总结

　　本书通过系统分析吉林省文化产业、旅游产业，以及文化旅游资源发展现状，分别对吉林省文化产业高质量发展、吉林省旅游产业高质量发展、吉林省文化资源与旅游产业协调发展评价与优化策略展开研究，具体如下。

　　（1）在吉林省文化产业高质量发展研究方面，本书首先通过考察吉林省文化产业发展现状，对吉林省文化产业高质量发展进行SWOT分析，深入剖析吉林省文化产业高质量发展的内在优势、劣势、机遇、挑战，研究发现吉林省文化产业高质量发展的优势包括独具特色的文化资源、优越的地理位置、政府政策支持，劣势包括资源整合度低、产业链发展落后、市场需求不足、高质量人才缺乏，机遇包括旅游业发展迅速、技术发展驱动力强、文创产业崛起，挑战包括市场同质化竞争激烈、国际文化产业的威胁、民族文化传承面临困境、地域发展不平衡。其次，通过构建吉林省文化产业高质量发展评价指标体系，定量测评吉林省文化产业高质量发展水平。根据定量测算结果，对吉林省文化产业高质量发展进行整体评价，同时对吉林省文化产业资源、产业实力、产业发展、产业创新、产业开放五个子项目进行评价分析。通过定量评价研究，分别从产业资源、产业实力、产业发展、产业创新、产业开放五个方面提出吉林省文化产业高质量发展优化策略。同时从宏观战略层面、中观策略层面、微观市场需求层面提出吉林省文化产业高质量发展优化策略。在宏观战略层面，主要涉及优化文化产业发展规划和标准、加强政策支持和引导以及推动相关产业融合发展，从而为吉林省文化产业高质量发展奠定坚实基础；在中观策略层面，从优化区域文化产业管理模式、提升区域文化产业高质量发展能力以及加强区域间的合作与交流几方面提出优化建议；在微观市场需求层面，主要从提升文化产业创新能力、加强品牌塑造和市场推广以及关注消费群体的需求几方面提出优化策略。

（2）在吉林省旅游产业高质量发展研究方面，本书首先通过考察吉林省旅游产业发展现状，对吉林省旅游产业高质量发展进行SWOT分析，深入剖析吉林省旅游产业高质量发展的内在优势、劣势、机遇、挑战，研究发现吉林省旅游产业高质量发展的优势包括自然资源丰富多样、人文景观独具特色、历史文化底蕴深厚、交通网络比较完善，劣势包括基础设施不完善、旅游资源宣传力度不够、旅游产业结构单一，机遇包括数字经济的发展、政府政策扶持、旅游市场消费增加、网红经济的带动，挑战包括旅游资源同质化、自然生态环境保护力度亟待提升、旅游产业创新型人才不足。其次，通过构建吉林省旅游产业高质量发展评价指标体系，定量测评吉林省旅游产业高质量发展水平。根据定量测算结果，对吉林省旅游产业高质量发展进行整体评价，同时对吉林省旅游规模与增长、旅游收入与经济贡献、旅游资源与设施、旅游环境与生态保护、旅游及相关产业支撑五个子项目进行评价分析。通过定量评价研究，分别从旅游规模与增长、旅游收入与经济贡献、旅游资源与设施、旅游环境与生态保护、旅游及相关产业支撑五个方面提出吉林省旅游产业高质量发展优化策略。同时从宏观战略层面、中观策略层面、微观市场需求层面提出吉林省旅游产业高质量发展优化策略。在宏观战略层面，提出通过明确旅游产业定位与规划、加强政策支持力度、促进产业融合与创新进行规划发展的整体思路，为吉林省旅游产业高质量发展提供全面的战略指导；在中观策略层面，提出从加快数字经济和旅游产业相结合、跨区域合作与联动、人才培养与引进三个角度着手，对旅游产业的发展模式进行调整优化；在微观市场需求层面，从市场需求的角度对吉林省旅游品牌建立与推广的创新策略进行了探讨，主要通过打造特色旅游品牌、拓展旅游客源市场及创新营销推广模式三种路径，来增强吉林省旅游产业的活力，提升知名度与美誉度。

（3）在吉林省文化资源与旅游产业协调发展研究方面，本书首先基于共生理论对文化与旅游产业融合的共生界面和共生环境展开分析。其次，以吉林省8个地级市和1个自治州为研究样本，通过构建文化资源与旅游产业发展评价指标体系，采用熵值法确定指标权重，引入耦合度模型、耦合协调度模型、同步性（优先度）模型，定量测评吉林省文化资源与旅游产业发展耦合度、耦合协调度以及同步性，对文化资源和旅游产业发展进行综合评价。再次，采用ArcGIS自然断裂法，对吉林省各城市文化资源和旅游产业发展进行系统分级，并对文化资源禀赋空间特征、旅游发展水平空间特征、文化资源与旅游产业发展耦合协调度空间特征、文化资源和旅游产业发展同步性空间特征进行具体分析，根据协调水平和同步性测评分析结果，将吉林省9个城市文化旅游发展划分为4种类型，包括耦合协调度显著-旅游相对优先、文化相对滞后，耦合协调度显著-文化相对优先、旅游相对滞后，耦合协调度不显著-文化旅游相对同步发展，耦合协调度不显著-文化相对优先、旅游相对滞后。最后，分别针对各城市文化与旅游区域特点提出文旅产业协调发展优化策略，包括加大政策扶持，促进文旅融合发展；突出区域优势，构建文旅融合发展新格局；依托科技力量，实现文旅融合可持续发展；

加大宣传力度，提升文旅影响力和知名度；加强品牌建设，提升文化旅游整体竞争力。从这五方面提出促进吉林省文化资源与旅游产业协调发展优化策略，能够为吉林省实施"文旅强省"战略、推动"文旅融合"发展的研究与决策提供科学支持。

参考文献

曹开军、龙顺发，2022，《新疆县市旅游产业集聚演变及其影响因素》，《经济地理》第 12 期。

柴寿升等，2022，《共生理论视角下红色文旅融合发展机理与实证研究——以台儿庄古城为例》，《东岳论丛》第 4 期。

柴焰，2019，《关于文旅融合内在价值的审视与思考》，《人民论坛·学术前沿》第 11 期。

陈静等，2021，《新疆旅游产业集群的测度及其驱动因子研究》，《地域研究与开发》第 5 期。

戴艳清、刘振宇，2024，《共生理论视角下新型公共阅读空间供给主体间关系研究——以湖南省为例》，《情报资料工作》第 2 期。

但红燕、徐武明，2015，《旅游产业与文化产业融合动因及其效应分析——以四川为例》，《生态经济》第 7 期。

丁仕潮，2021，《中国文化产业高质量发展的时空演化特征》，《统计与决策》第 21 期。

董文静等，2022，《中国文化产业与旅游产业耦合发展的时空演化及空间关联格局》，《西南民族大学学报》（人文社会科学版）第 3 期。

董文静等，2024，《中国文化产业与旅游产业融合发展的内在机理及时空分异》，《统计与决策》第 1 期。

樊爱霞等，2015，《基于投入产出模型的云南旅游产业融合实证研究》，《云南民族大学学报》（哲学社会科学版）第 1 期。

范红艳、薛宝琪，2016，《河南省旅游产业与文化产业耦合协调度研究》，《地域研究与开发》第 4 期。

方忠、张华荣，2018，《文化产业与旅游产业耦合发展的实证研究——以福建省为例》，《福建师范大学学报》（哲学社会科学版）第 1 期。

丰晓旭、夏杰长，2018，《中国全域旅游发展水平评价及其空间特征》，《经济地理》第 4 期。

冯茜，2021，《文化产业集聚程度对文化产业发展效率的空间溢出效应》，《西安财经大学学报》第 4 期。

耿松涛、王冉，2023，《旅游产业与经济高质量发展耦合协调水平评价及时空演化》，《统计与决策》第 1 期。

关旭等，2018，《我国大型城市旅游业与演艺业融合路径及选择机制——企业层面的扎根研究》，《经济管理》第 1 期。

郭强、李秋哲，2024，《中国省域旅游业高质量发展综合评价与时空演化》，《旅游科学》第 5 期。

韩晗，2023，《从"双循环"到全国统一大市场：我国文化产业高质量发展的前提、原则与路径》，《东岳论丛》第 1 期。

侯兵、周晓倩，2015，《长三角地区文化产业与旅游产业融合态势测度与评价》，《经济地理》第 11 期。

胡海、庄天慧，2020，《共生理论视域下农村产业融合发展：共生机制、现实困境与推进策略》，《农业经济问题》第 8 期。

胡钰、王一凡，2018，《文化旅游产业中 PPP 模式研究》，《中国软科学》第 9 期。

黄蕊、侯丹，2017，《东北三省文化与旅游产业融合的动力机制与发展路径》，《当代经济研究》第 10 期。

贾垚焱等，2021，《中国省域生态－文化－旅游协调发展时空分异及影响因素研究》，《世界地理研究》第 3 期。

江晓晗、任晓璐，2021，《长江经济带文化产业高质量发展水平测度》，《统计与决策》第 2 期。

金武刚等，2019，《促进文旅融合发展的公共服务建设途径》，《图书与情报》第 4 期。

李娇，2022，《黑龙江省文化产业高质量发展评价及障碍因素研究》，硕士学位论文，哈尔滨商业大学。

李杰，2021，《文化产业高质量发展的应变与求变》，《北京联合大学学报》（人文社会科学版）第 4 期。

李锦宏、肖林，2022，《文化产业高质量发展的区际比较与动态演进》，《统计与决策》第 4 期。

李天元，2003，《旅游学概论（第五版）》，南开大学出版社。

李拓夫、方丽婷，2024，《基于耦合协调度的文化与旅游产业融合发展实证研究》，《统计与决策》第 5 期。

李先跃，2019，《中国文化产业与旅游产业融合研究进展及趋势——基于 Citespace 计量分析》，《经济地理》第 12 期。

李志远、夏赞才，2021，《长江经济带旅游业高质量发展水平测度及失配度时空格局探究》，《南京师大学报》（自然科学版）第 4 期。

厉新建等，2022，《高质量文旅融合发展的学术再思考：难点和路径》，《旅游学刊》第 2 期。

梁峰、郭炳南，2016，《文、旅、商融合发展的内在机制与路径研究》，《技术经济与管理研究》第 8 期。

梁学成，2019，《旅游产业增进社会福祉的逻辑诠释》，《旅游学刊》第 7 期。

林存文、吕庆华，2020，《文化资源禀赋对文化产业发展的影响——

基于资源异质的研究视角》,《山西财经大学学报》第8期。

刘安乐等,2020,《中国文化产业与旅游产业协调态势及其驱动力》,《经济地理》第6期。

刘冰洁等,2021,《中国旅游业发展的时空演化及其影响因素分析》,《统计与决策》第23期。

刘成昆、陈致远,2019,《粤港澳大湾区城市旅游竞争力的实证研究》,《经济问题探索》第2期。

刘家树等,2022,《创新链与资金链融合的路径研究——基于区域创新生态系统共生理论框架的组态分析》,《科学管理研究》第1期。

刘瑞明等,2020,《制度松绑、市场活力激发与旅游经济发展——来自中国文化体制改革的证据》,《经济研究》第1期。

刘润等,2020,《武汉市文化产业集聚发展的特征与模式》,《经济地理》第12期。

刘雨婧、唐健雄,2022,《中国旅游业高质量发展水平测度及时空演化特征》,《统计与决策》第5期。

刘志华、孙丽君,2010,《中美文化产业行业分类标准及发展优势比较》,《经济社会体制比较》第1期。

刘治彦,2019,《文旅融合发展:理论、实践与未来方向》,《人民论坛·学术前沿》第16期。

陆建栖、任文龙,2022,《数字经济推动文化产业高质量发展的机制与路径——基于省级面板数据的实证检验》,《南京社会科学》第5期。

陆伟、王玉琦,2020,《西藏文化产业指标体系构建研究——基于层次分析法和熵权法的对比实证分析》,《西藏民族大学学报》(哲学社会科学版)第1期。

麻学锋、孙洋,2024,《旅游产业发展与民生福祉适配关系研究——

以张家界为例》，《旅游科学》第 6 期。

马斌斌等，2023，《中国数字经济与旅游产业融合发展的时空特征及驱动机制》，《经济地理》第 6 期。

毛文贤，2021，《山西省文化产业发展的时空特征与优化对策研究》，硕士学位论文，山西师范大学。

彭淑贞、吕臣，2020，《共生理论嵌入乡村旅游生态系统创新研究》，《科研管理》第 12 期。

乔家君，2004，《改进的熵值法在河南省可持续发展能力评估中的应用》，《资源科学》第 1 期。

秦晓楠等，2023，《中国旅游产业与文化产业交互响应的区域差异研究》，《旅游科学》第 5 期。

曲景慧，2016，《中国文化产业与旅游产业融合发展的时空变动分析》，《生态经济》第 9 期。

邵明华、张兆友，2020，《国外文旅融合发展模式与借鉴价值研究》，《福建论坛》（人文社会科学版）第 8 期。

申葆嘉，2007，《从"旅游产业的范围和地位"想起的》，《旅游学刊》第 11 期。

沈蕾，2022，《中国文化产业高质量发展空间特征及影响因素研究》，硕士学位论文，杭州电子科技大学。

宋长海，2016，《旅游业发展质量评价指标体系构建与指数编制方法》，《统计与决策》第 5 期。

苏建军等，2014，《旅游发展对我国投资、消费和出口需求的拉动效应研究》，《旅游学刊》第 2 期。

孙剑锋等，2019，《山东省文化资源与旅游产业协调发展评价与优化》，《经济地理》第 8 期。

唐献玲，2020，《基于共生理论的乡村旅游利益冲突与治理机制》，《社会科学家》第 10 期。

田红等，2020，《高质量发展视域下区域文化资源产业化开发潜力评价——以黄河三角洲区域为例》，《重庆社会科学》第 7 期。

田红、刘呈庆，2024，《中国旅游业高质量发展水平的测度与评估》，《江西财经大学学报》第 1 期。

田里等，2024，《聚集与扩散：区位因素驱动的中国入境旅游产业空间变迁》，《经济问题探索》第 1 期。

王汉祥、赵海东，2015，《旅游产业生态化研究述评》，《经济管理》第 9 期。

王凯等，2023，《中国旅游业高质量发展的时空特征及影响因素》，《世界地理研究》第 12 期。

王庆生等，2019，《基于共生理论的乡村旅游精准扶贫模式和路径优化研究——以山东省沂南县竹泉村为例》，《地域研究与开发》第 3 期。

王兴斌，2000，《旅游产业规划指南》，中国旅游出版社。

王秀伟，2021，《从交互到共生：文旅融合的结构维度、演进逻辑和发展趋势》，《西南民族大学学报》（人文社会科学版）第 5 期。

王旭科等，2019，《全域旅游发展水平评价指标体系构建与实证》，《统计与决策》第 24 期。

翁钢民、李凌雁，2016，《中国旅游与文化产业融合发展的耦合协调度及空间相关分析》，《经济地理》第 1 期。

熊海峰、祁吟墨，2020，《基于共生理论的文化和旅游融合发展策略研究——以大运河文化带建设为例》，《同济大学学报》（社会科学版）第 1 期。

徐丹丹等，2011，《文化创意产业发展的文献综述》，《云南财经大学学报》第 2 期。

徐飞、李彬，2021，《基于耦合模型的辽宁省文化与旅游产业融合态势测度》，《辽宁大学学报》（哲学社会科学版）第 2 期。

徐菲菲等，2023，《中国文化产业与旅游产业融合研究述评》，《旅游科学》第 4 期。

许春晓、胡婷，2018，《大湘西地区文化与旅游融合潜力及其空间分异》，《经济地理》第 5 期。

阎友兵、胡欢欢，2022，《中国东部地区旅游业高质量发展水平测评与障碍因子分析》，《华侨大学学报》（哲学社会科学版）第 5 期。

杨军，2018，《青海藏区旅游业与文化产业深度融合发展研究——以玉树州文旅产业多元融合为例》，《青海社会科学》第 5 期。

杨秀云等，2021，《我国文化产业空间集聚的动力、特征与演化》，《当代经济科学》第 1 期。

叶建赓等，2019，《云南省旅游产业发展质量评价指标体系构建》，《统计与决策》第 9 期。

尹华光等，2016，《武陵山片区文化产业与旅游产业融合发展效益评价研究》，《北京联合大学学报》（人文社会科学版）第 1 期。

喻蕾，2021，《文化产业高质量发展：评价指标体系构建及其政策意义》，《经济地理》第 6 期。

袁纯清，1998，《共生理论——兼论小型经济》，经济科学出版社。

袁渊、于凡，2020，《文化产业高质量发展水平测度与评价》，《统计与决策》第 21 期。

张安忠，2023，《黄河流域文化产业高质量发展水平评价》，《统计与决策》第 4 期。

张肃、黄蕊，2018，《文化旅游产业融合对文化消费的影响》，《商业研究》第 2 期。

张斌轶，2018，《辽宁省文化产业与旅游产业融合发展的时空演化研究》，硕士学位论文，辽宁师范大学。

张新成等，2022，《红色旅游高质量发展评价指标体系与培育路径研究——以红色旅游城市为例》,《干旱区地理》 第 6 期。

张新成等,2023,《文化和旅游产业融合质量的时空动态、驱动机制及培育路径》,《旅游科学》 第 1 期。

张新友,2019,《新疆文化产业发展水平的评价研究》,《贵州民族研究》 第 8 期。

张琰飞、朱海英,2014,《西南地区文化演艺与旅游流耦合协调度实证研究》,《经济地理》 第 7 期。

张艺璇,2021,《基于共生理论的临空经济区发展机理及其模型构建研究》,《河南大学学报》(社会科学版) 第 6 期。

张玥、李慧平,2018,《“共生” 理论建构下的城乡生态化建设》,《经济问题》 第 11 期。

赵建春,2024,《产业结构优化升级与旅游效率——基于 2003—2022 年省际面板数据》,《地域研究与开发》 第 1 期。

赵磊,2015,《旅游发展与经济增长——来自中国的经验证据》,《旅游学刊》 第 4 期。

赵倩,2021,《文化产业高质量发展耦合协调与空间布局研究》,硕士学位论文,浙江工商大学。

赵书虹、陈婷婷,2020a,《民族地区文化产业与旅游产业的融合动力解析及机理研究》,《旅游学刊》 第 8 期。

赵书虹、陈婷婷,2020b,《云南省旅游驱动型城市旅游产业与城镇化耦合协调驱动因素分析》,《旅游科学》 第 3 期。

郑自立,2023,《文化产业增强文化自信的逻辑机理、现实际遇与实践路径》,《当代经济管理》 第 8 期。

周彬等,2019,《内蒙古旅游经济与文化产业耦合协调度测评》,《干旱区资源与环境》 第 4 期。

周超、刘虹,2021,《共生理论视阈下中华民族共同体建构的五维向度》,《民族学刊》 第 1 期。

周春波，2018，《文化与旅游产业融合动力机制与协同效应》，《社会科学家》第 2 期。

周珂等，2023，《数字创意设计赋能旅游产业高质量发展策略》，《社会科学家》第 11 期。

周霖等，2023，《黄河流域旅游业高质量发展系统性评价》，《中国沙漠》第 6 期。

Agnieska, J., 2015, "Creative tourism: The issues of philosophy, sociology and communication", *Creativity Studies* 8 (2), pp. 73-74.

Anne, C., 2005, "Measuring creativity: Acase study in the UK's designer fashion sector", *Cultural Trends* 14 (2), pp. 157-183.

Berbekova, A., Uysal, M., Assaf, A. G., 2022, "Toward an assessmentof quality of life indicators as measures of destinationperformance", *Journal of Travel Research* 61 (6), pp. 1424-1436.

Chen, H., Rahman, I., 2017, "Cultural tourism: An analysis of engagement, cultural contact, memorable tourism experience and destination loyalty", *Tourism Management Perspectives* 26, pp. 153-163.

Dimitrios, B., 1998, "Strategic use of information technologies in the tourism industry", *Tourism Management* 19 (5), pp. 409-421.

Frías-Jamilena, D. M., Sabiote-Ortiz, C. M., Martín-Santana, J. D., et al., 2018, "Antecedents and consequences of cultural intelligence in tourism", *Journal of Destination Marketing & Management* 8, pp. 350-358.

Jordan, L. A., 2012, "Tourism, Culture and the creative industries: Exploring the linkages", *Journal of Veterinary Internal Medicine* 37, pp. 1-5.

McKercher, B., Du Cros, H., 2002, *Cultural Tourism: The Partnership between Tourism and Cultural Heritage Management* (New York: The

Haworth Hospitality Press).

Richards, G., Wilson, J., 2006, "Developing creativity in tourist expe-riences: A solution to the serial reproduction of culture?", *Tourism Management* 27 (6), pp. 1209-1223.

Taylor, J. P., 2001, "Authenticity and sincerity in tourism", *Annals of Tourism Research* 28 (1), pp. 7-26.

Throsby, D., 2001, *Economics and Culture* (Cambridge: Cambridge University Press).

图书在版编目（CIP）数据

吉林省文化与旅游产业高质量协调发展研究／刘洋
著 . --北京：社会科学文献出版社，2025. 3. --ISBN
978-7-5228-5015-3

Ⅰ. F592. 734

中国国家版本馆 CIP 数据核字第 20251JT088 号

吉林省文化与旅游产业高质量协调发展研究

著　　者／刘　洋

出 版 人／冀祥德
责任编辑／高　雁
文稿编辑／王红平
责任印制／岳　阳

出　　版／社会科学文献出版社·经济与管理分社（010）59367226
　　　　　地址：北京市北三环中路甲 29 号院华龙大厦　邮编：100029
　　　　　网址：www. ssap. com. cn
发　　行／社会科学文献出版社（010）59367028
印　　装／三河市尚艺印装有限公司

规　　格／开　本：787mm×1092mm　1/16
　　　　　印　张：13　字　数：170 千字
版　　次／2025 年 3 月第 1 版　2025 年 3 月第 1 次印刷
书　　号／ISBN 978-7-5228-5015-3
定　　价／128. 00 元

读者服务电话：4008918866